Zitronentorte
»Sei nicht sauer«
Seite 92

»Reif für die Insel«
Seite 88

Torte »Apfelernte«
Seite 82

Venedig-Torte
Seite 18

Tolle Torten

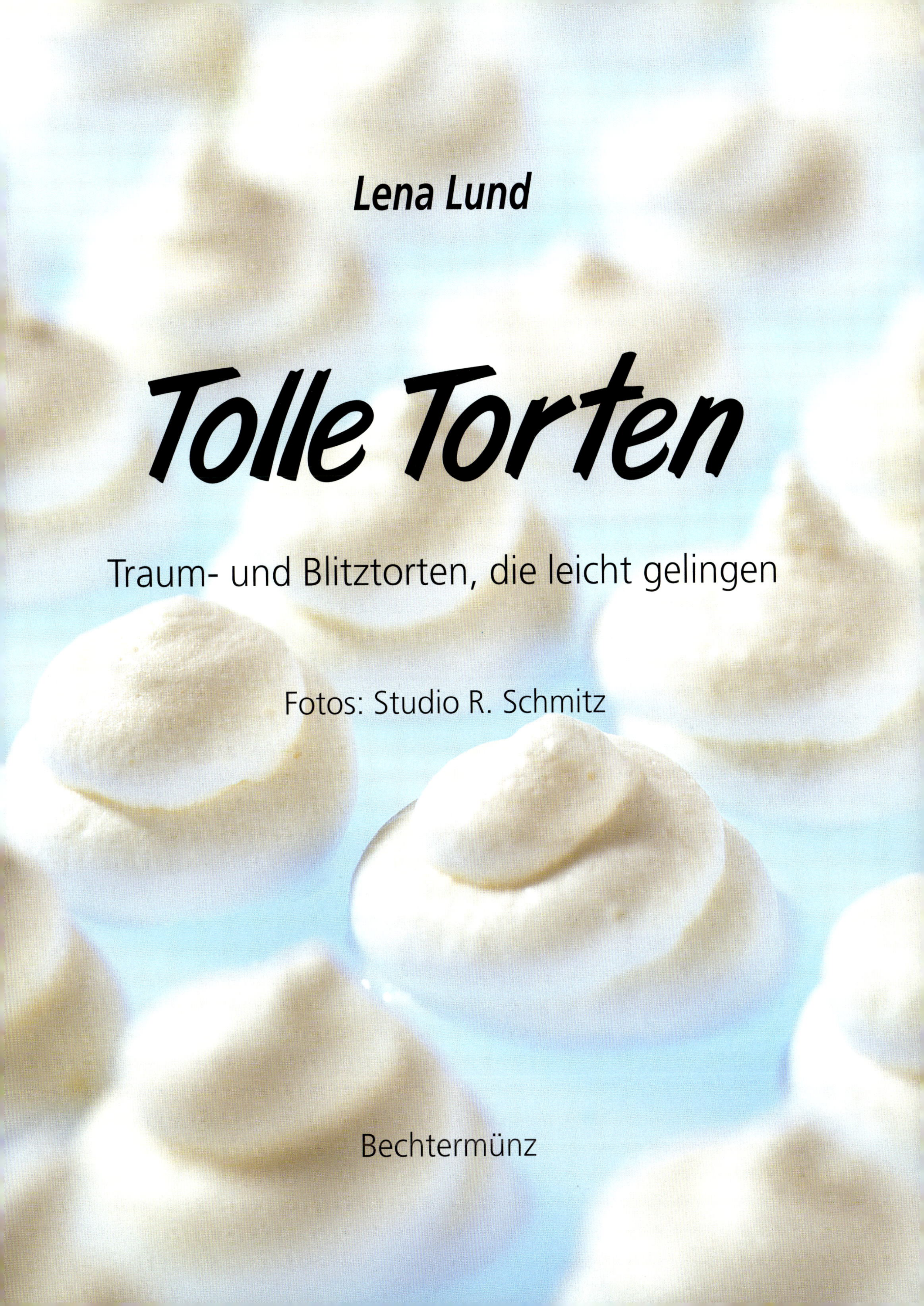

Lena Lund

Tolle Torten

Traum- und Blitztorten, die leicht gelingen

Fotos: Studio R. Schmitz

Bechtermünz

Mini-Know-how für Tortenerfolg:
Denken Sie bitte daran, daß sich die im Rezept angegebene Zeit je nach dem Material der verwendeten Backform und der speziellen Hitzeleistung Ihres Ofens verkürzen oder verlängern kann. Wir empfehlen Ihnen deshalb, gegen Ende der Backzeit die Stäbchenprobe zu machen (Seite 114). Falls die Oberfläche stark bräunt, obwohl der Teig noch nicht gar ist, einfach mit Alufolie abdecken.

Inhalt

Kulttorten 6
Die mit dem »gewissen Etwas«: Von der knallbunten Candy-Torte für Naschkatzen über die Astro-Torte für Sterngucker bis hin zum Riesen-Baci

Fest-Torten 34
Festtags-Stimmung garantiert. Rezepte für Gratulanten, Verliebte, Geburtstagskinder, Brautmütter

Eiskalte Torten 48
Perfekt als köstlich-cremige Abkühlung an heißen Sommertagen oder als krönender Abschluß eines Menüs

Romantik-Torten 62
Traumtorten für alle, die zarte Blütenpracht, Kerzenschein und ländliche Idylle auf ihre Kaffeetafel zaubern

Funny Cakes 86
Ob Süßer Rettungsring oder Maxi-Banane – das macht Spaß

Slimline-Torten 102
Genuß ohne Reue – hier können sich Figurbewußte durchschlemmen

Grundrezepte
5 mal Teig für viele Torten 114

Dekorieren wie ein Profi 116
Originelle »Torten-Make-up«-Tips – einfach und blitzschnell

Tolle Last-Minute-Deko 118

So finden Sie Ihre Wunschtorte 119

Die besten Tips für Tortenbäcker 120

Register, Umrechnungstabelle 120

»United Colours«

Teig für 1 halbrunde Form
(z.B. ofenfeste Schüssel, ca. 20 cm Ø):

1 x heller Sandteigboden, S. 114,
plus: 3 EL Kakaopulver,
10 Mini-Mohrenköpfe

Dekoration:

100 g Puderzucker
rote Lebensmittelfarbe
ca. 25 Mini-Mohrenköpfe
etwas Kakaopulver
evtl. Zucker- und Schokostreusel
bunte Geleefrüchte

Guß:

1 Packung dunkle Schokoladenglasur
1 Packung weiße Schokoladenglasur
Tortenkarton (Haushaltswarenshop)

Schwierigkeit: 🍒 🍒

Arbeits- + Backzeit: je ca. 45 Min.

1. Backofen auf 180° vorheizen. Form fetten, mit Mehl ausstäuben. Backpapierstreifen überkreuz hineinlegen, am Rand überstehen lassen. Teig nach Rezept plus Kakao zubereiten. Mit den Mohrenköpfen (diese weit unten) in die Schüssel geben. Ca. 45 Min. backen, nach kurzem Abkühlen aus der Form lösen.

2. Deko: aus Puderzucker und Wasser dickflüssigen Guß rühren. Hälfte davon rosa tönen und einige helle Mohrenköpfe überziehen, trocknen. Etwas weißen Guß mit Kakao schwarzbraun färben: Augen malen. Lippen, Haare aus Geleefrüchten machen: in dünne Scheiben, dann in Form schneiden, andrücken, sie haften von selbst. Aus Kakaoglasur »Locken« spritzen, Streusel mit Guß aufkleben, Mohrenköpfe kühl stellen.

3. Für den Überzug beide Glasuren getrennt schmelzen. Kuchen auf Tortenkarton setzen. Erst dunkle, dann helle Glasur darübergießen. Zum Servieren die Deko- Mohrenköpfe rundherum stellen.

Kult Torten

Philadelphia-Jelly-Torte

Keksboden für 1 Springform (22–24 cm Ø):
200 g Butter- oder Grahamkekse
90 g Butter
Fett für die Form

Frischkäse-Belag:
4 Blatt weiße Gelatine
400 g Doppelrahm-Frischkäse
125 g saure Sahne
4 EL Zucker
Saft und abgeriebene Schale von 1 unbehandelten Zitrone
200 g Sahne

Jelly-Guß:
Je $^1/_2$ Päckchen grüne, rote und gelbe oder orangefarbene Götterspeise sowie die dafür benötigte Zuckermenge (siehe Packungsaufschrift)
etwas Butter

Dekoration:
2–3 EL Kokos-Chips (Reformhaus)
Tortenkarton (Haushaltswaren-Geschäft)
Früchte, z.B. Johannisbeerrispe

Schwierigkeit:
Ohne Backofen
Läßt sich vorbereiten
Arbeitszeit: ca. 30 Min. + **Kühlzeit:** 3–4 Std.

Der Klassiker aus USA – neu gestylt mit buntem Jelly-Überzug. Erfrischend, lecker und leicht gemacht. Der Clou: Beim Aufschneiden ergibt sich für jedes Stück ein anderes tolles Jelly-Muster.

1

2

3

1. Springform einfetten. Kekse mit dem Blitzhacker fein zerkleinern. Butter zerlassen, Keksbrösel gründlich mit der Butter vermischen und die Masse auf dem Boden der Form verteilen. Etwa 30 Min. kalt stellen.

2. Gelatine in kaltem Wasser einweichen. Frischkäse, saure Sahne, Zucker, Zitronensaft und -schale verrühren. 2–3 EL davon in ein Töpfchen geben, vorsichtig erwärmen und die Gelatine darin auflösen. Zuerst 2–3 EL der Frischkäsemasse mit der Gelatinecreme verrühren. Dann mit der restlichen Frischkäsemasse gut vermischen. Sahne steif schlagen und unterheben. Käsecreme auf dem Keksboden verteilen, sehr gut glattstreichen und die Torte ca. 2 Std. kalt stellen.

3. Aus Tortenkarton 2 cm breite Streifen schneiden. Die Oberfläche der Torte damit in drei beliebig große Felder teilen **(Step 1)**. An beiden Enden die Streifen mit Butterflöckchen abdichten **(Step 2)**. Torte kühl stellen. Götterspeise nach Vorschrift zubereiten und abkühlen, aber nicht fest werden lassen. In die Felder gießen, so daß sich die Farben abwechseln **(Step 3)**. In 1–2 Std. fest werden lassen.

4. Vor dem Servieren den Rand der Torte mit Kokos-Chips bestreuen. Kartonstreifen vorsichtig aus dem Gelee ziehen.

Baci-Torte

Teig für 1 rundbauchige Schüssel (ca. 15 cm Ø) und 1 Eierbecher:

- 4 Eier (M)
- 175 g Haselnüsse
- 175 g Vollmilchschokolade
- 100 g Zwieback oder Löffelbiskuits
- 1 TL und 1 Prise Backpulver
- 100 g Butter
- 120 g Zucker
- 125 g Sahne
- 1 Prise Salz
- 8–10 Baci oder Bacetti (italienische Pralinen, ersatzweise andere Nußpralinen)
- Fett und Zwieback- oder Biskuitbrösel für die Formen

Glasur:

- 200 g Vollmilchschokolade
- 200 g Sahne

Dekoration:

- Tortenkarton, evtl. Alufolie
- Baci und Bacetti bzw. andere Nußpralinen

Schwierigkeit: 🍒 🍒

Läßt sich gut vorbereiten

Schön zum Verschenken

Arbeitszeit: ca. 35 Min.
+ **Backzeit:** ca. 50 Min.

1. Eine kleine möglichst rundbauchige Metallschüssel (z.B. eine Schlagschüssel oder Wasserbadschüssel) einfetten. Einen Eierbecher aus ofenfestem Material oder ein sehr kleines rundes Schüsselchen ebenfalls einfetten. Je 3 schmale »Hebe«-Streifen aus Backpapier überkreuz hineinlegen, so daß die Enden am Rand überstehen **(Step 1).** Anschließend kleine und große Form mit Bröseln ausstreuen.

2. Ofen auf 180° vorheizen. Eier trennen. Haselnüsse, Schokolade und Zwieback oder Biskuits zusammen im Blitzhacker fein zerkleinern. 1 TL Backpulver untermischen. Butter und 100 g Zucker schaumig rühren, nach und nach Eigelbe und Sahne dazurühren. Eiweiße steif schlagen. Beim Weiterschlagen restlichen Zucker (20 g), je 1 Prise Backpulver und Salz untermischen. Eischnee und Bröselmischung auf die Eigelbcreme geben und alles mit dem Teigschaber vorsichtig vermischen. Kleine Form mit Teig füllen, anschließend den Teig lagenweise, abwechselnd mit den ausgewickelten Pralinen, in die große Form geben und glattstreichen **(Step 2).**

3. Formen auf ein Blech setzen und wenn nötig mit Alufolie abstützen, so daß sie geradestehen. Teig in der kleinen Form ca. 20, in der großen ca. 50 Min. backen (Stäbchenprobe machen, S. 114; evtl. nach 40 Min. mit Alufolie abdecken). Kurz abkühlen lassen. Dann mit den Hebestreifen herauslösen und auf einem Kuchengitter, runde Seite nach oben, ganz abkühlen lassen.

4. Großen Kuchen auf einen Tortenkarton setzen, kleinen oben in die Mitte plazieren. Schokolade für den Guß hacken, in der heißen Sahne auflösen. Kurz abkühlen lassen und dann die Glasur gleichmäßig über der Baci-Torte verteilen.

5. Für die Dekoration den Original-Baci-Schriftzug und viele große und kleine Baci-Sterne aus Alufolie ausschneiden, auf der halbfesten Glasur festdrücken.

6. Baci-Torte bis zum Servieren kühl stellen, damit die Glasur ganz fest wird. Auf eine saubere Tortenplatte heben, Bacis nach Belieben um die Torte verteilen.

TIP!

So bekommen Sie den Bacio-Schriftzug ganz echt hin: Von der Einwickelfolie abpausen, im Kopierer vergrößern, dann auf Alufolie durchdrücken.

1

2

Baci

Astro-Torte

Teig für 1 Springform
(22–24 cm Ø):
100 g Butter
100 g Zucker
2 Eier (M)
220 ml Ahornsirup
350 g Mehl
2 ½ TL Backpulver
50 g Walnüsse
½ TL abgeriebene Schale von 1 unbehandelten Zitrone
Fett für die Form

Glasur:
120 ml Ahornsirup
2 Eiweiße (M)
1 Prise Salz
etwas Vanillearoma (flüssig)

Dekoration:
Stern-Ausstecher, Holzspieße
25 ungefüllte Fruchtbonbons
12 Horoskop-Röllchen (Schreibwarengeschäft)

Schwierigkeit:
Läßt sich gut vorbereiten
Arbeitszeit: ca. 2 Std.
Backzeit: 40–50 Min.

TIP!

Für eine besonders prächtige Torte zwei Böden backen und doppelte Menge Glasur zubereiten. Böden mit einer dicken Schicht Glasur zusammensetzen und mit restlicher Glasur überziehen.
Sie können für die Dekoration auch Keks-Lollies aus Mürbeteig (S. 115) backen. Stiele mit Zuckerguß ankleben.
Für Eilige: Torte aus Grundteig 1 oder 2 backen (S. 114/115), mit Vanille-Kuchenglasur (Fertigprodukt) überziehen, dekorieren.

Mit Ahornsirup gebacken und mit Stern-Lollies dekoriert. Astro-Fans werden diese Torte lieben – und auch wer nicht an Horoskope glaubt, wird vom Geschmack begeistert sein.

1. Form einfetten. Ofen auf 170° vorheizen. Butter und Zucker schaumig rühren. Eier mit ca. 5 EL Wasser verschlagen und mit dem Ahornsirup nach und nach unterrühren. Mehl mit Backpulver mischen und unterheben. Die Nüsse hacken und mit der Zitronenschale zufügen. Teig in die Form füllen, 40–50 Min. backen (Stäbchenprobe, siehe Seite 114). Auf einem Kuchengitter auskühlen lassen.

2. Für die Glasur Ahornsirup bei milder Hitze so lange köcheln lassen, bis ein Tropfen, den man auf einen kalten Teller gibt, sich wie weicher Weingummi anfühlt (dauert ca. 30 Min.). Eiweiße mit dem Salz steif schlagen. Dann in feinem Strahl den Ahornsirup zufügen und ständig weiterschlagen, bis ein Messerschnitt in der Masse sichtbar bleibt.

3. Tortenboden erst dünn, dann dick und deckend mit Glasur überziehen.

4. Stern-Lollies herstellen: Ein Blech mit Backpapier belegen. Ca. 25 ungefüllte Fruchtbonbons darauf verteilen. Bei 200° zu einer Platte schmelzen lassen. Je nachdem, ob man nur Bonbons einer Farbe oder gemischte verwendet, wird die Platte einfarbig oder bunt marmoriert. Die Masse 1 Min. abkühlen lassen, dann mit stark geölten Ausstechförmchen in der noch weichen Masse Sterne bis zum Boden durchdrücken. Masse weitere 5–10 Min. fest werden lassen, dann Sterne aus der Platte herauslösen. Überschüssige Bonbonmasse in einem Töpfchen nochmals erwärmen und damit Zahnstocher oder andere Holzspießchen an die Lollies kleben **(Step 1)**.

5. Lollies in die Torte hineinstecken und Horoskop-Röllchen um die Torte legen.

1

ASTROGRAMM

Amaretti-Torte

Teig für 1 Springform
(24–26 cm Ø):
175 g kalte Butter
350 g Mehl
100 g Zucker
1 Prise Salz
3 Eigelbe (M)
Fett für die Form

Füllung:
200 g Amarettini
(italienische Mandelkekse)
5 EL Amaretto (Mandellikör), ersatzweise: Orangensaft
50 g Pinienkerne
3 Eiweiße (M)
5 EL Zucker

Dekoration:
bunt eingewickelte Amaretti
(z.B. rot-weiß-grün)

Schwierigkeit:
Läßt sich vorbereiten
Schön zum Verschenken
Arbeitszeit: ca. 30 Min.
+ **Backzeit:** ca. 30 + 25 Min.

TIP!

Ganz stilecht: Vinsanto – Likörwein aus der Toskana – dazu servieren.
Extra-Gag für Italienfreaks: Grobe Umrisse des Italien-Stiefels von einer Landkarte abpausen, im Kopierer vergrößern. Als Schablone auf den ausgerollten Mürbeteig legen. Stiefel ausschneiden und Torte in Stiefelform auf einem Backblech backen.
Sieht auch sehr hübsch aus: Nach dem gleichen Rezept Amaretti-Törtchen in Tortelettförmchen backen – die Backzeit verkürzt sich dann um je 5 Minuten für Boden und Belag.

Luftig-locker, mit feinem Mandelaroma: ein richtiges Verwöhn-Rezept aus der Toskana. Die Torte, bei der man vom Cappuccino auf der Piazza träumt!

1. Backofen auf 200° vorheizen. Die Butter auf einer Reibe grob raspeln. Mit Mehl, Zucker, Salz und Eigelben zu einem Mürbeteig kneten. Form einfetten, Teig auf dem Boden flachdrücken und einen 2 cm hohen Rand formen. Ca. 30 Min. goldgelb backen.

2. Ofentemperatur auf 150° senken. Amarettini-Kekse zerkrümeln, auf dem Teigboden verteilen. Mit Amaretto (oder Orangensaft) beträufeln. Pinienkerne darüber streuen. Eiweiße steif schlagen. Zum Schluß Zucker dazurieseln lassen. Eischnee auf der Torte verstreichen, mit einer Gabel dekorative Wellenlinien ziehen. Torte 25 Min. backen, bis das Baiser goldgelb ist. Abgekühlt aus der Form lösen, beim Anrichten bunt eingewickelte Amaretti rundherum verstreuen.

Variationen:

Diese Torte gehört zur großen Familie der **Crostatas,** die es in Italien in vielen Formen gibt. Basis ist immer ein Mürbeteigboden.

1. Die einfachste Version: Teig mit zusätzlich 1 Ei und $^{1}/_{2}$ Tütchen Backpulver zubereiten, $^{2}/_{3}$ davon auf dem Springformboden flachdrücken, ca. 200 g Konfitüre nach Wahl darauf verteilen, restlichen Teig als Gitter darüberlegen oder aus dem Teig Sterne, Herzen oder andere Figuren ausstechen und auf die Füllung legen. Ca. 30 Min. bei 200° backen. Zwischendurch nachschauen, ob der Kuchen nicht zu dunkel wird. Evtl. mit Alufolie abdecken. Abgekühlt mit Puderzucker bestäuben.

2. Auch sehr beliebt: **Torta della Nonna** (Großmuttertorte): Teig wie für Amaretti-Torte zubereiten, aus gut der Hälfte davon Boden und Rand formen, mit Sahne verfeinerten Vanillepudding (aus 1 Päckchen gekocht, Verfeinerungsmengen siehe Packungsaufschrift) darauf verteilen, restlichen Teig als Deckel darüber legen, mit Pinienkernen, Walnüssen und Lorbeerblättern verzieren. Bei 180° in 50–60 Minuten knusprig backen.

Hochstapler-Torte

2 helle Wiener Tortenböden (Fertigprodukt, je 3 Schichten) oder selbstgebackene Böden (siehe rechte Spalte)

Mandelcreme:
- 200 g Butter
- 200 g Mandelblättchen
- 200 g Zucker
- 5–6 EL Sahne

Belag:
- Ca. 900 g frische Beeren oder Früchte der Saison, z.B. Blaubeeren, Erdbeeren, Pfirsich- und Aprikosenstückchen

Dekoration:
- 2 EL Puderzucker
- frische Beerenstrauch- oder Minzeblätter

Schwierigkeit:

Für Kinder- und Gartenpartys

Preiswert

Arbeitszeit: ca. 30 Min.

Auch wenn Sie sonst gerne kleine Brötchen backen – hier wird mal so richtig dick aufgetragen. Die himmelstürmende Sommertorte ist mit leckerer Mandelcreme gefüllt ein echter »Hoch«-Genuß!

1. Die sechs Schichten der Tortenböden mit Hilfe einer Schablone auf einen Durchmesser von ca. 18 cm rundherum zuschneiden.

2. Mandelcreme: Butter in einem Topf oder einer Pfanne schmelzen lassen, Mandeln und Zucker unter ständigem Rühren hinzufügen und die Masse bei mittlerer Hitze karamelisieren lassen. Zum Schluß die Sahne unterziehen, alles abkühlen lassen. Alle 6 Teigböden mit Mandelcreme gleichmäßig bestreichen.

3. Auf einem Boden eine Schicht Beeren und Früchte verteilen, zweiten Boden darauf setzen und mit Früchten belegen. Die Torte in dieser Weise weiter aufbauen, bis alle Böden und Früchte verbraucht sind. Dabei die schönsten Beeren für die oberste Schicht aufheben. Torte mit Puderzucker bestäuben und mit Blättern garnieren. Sofort servieren und mit einem Elektromesser in Stücke schneiden.

Böden selber backen:

Teig für 6 Böden (18 cm Ø):
- 250 g weiche Butter
- 150 g Zucker
- 4 Eier (M)
- 270 g Mehl
- 1 TL gemahlene Vanille oder 1 Päckchen Vanillezucker
- $^1/_2$ TL Backpulver

Arbeitszeit: ca. 15 Min.
+ **Backzeit:** ca. 30 Min.

1. Ofen auf 250° vorheizen. Butter und Zucker schaumig rühren. Eier nach und nach unterrühren. Mehl mit Vanille oder Vanillezucker und Backpulver mischen, unterheben.

2. Blech oder Fettpfanne mit Backpapier belegen. Darauf 2 Kreise mit ca. 18 cm Ø markieren. Je $^1/_6$ der Teigmenge darauf verteilen und in 8–10 Min. goldbraun backen. Die restlichen 4 Böden paarweise genauso backen. Alle Böden auf Kuchengittern gut abkühlen lassen.

TIP!

Die Torte schmeckt auch gut, wenn man die Böden (statt mit Mandelcreme) dünn mit Konfitüre und dick mit Schlagsahne oder Cremepudding (kaltgerührt aus dem Päckchen) bestreicht. Die selbstgebackenen Böden werden besonders stabil und eignen sich hervorragend zum »Hochstapeln«.

Venedig-Torte

1 dunkler Wiener Tortenboden
(Fertigprodukt, 3 Schichten)
oder selbstgebackener Boden
(siehe rechte Spalte)

Mandel-Baiser-Boden:

- 2 Eiweiße (M)
- 75 g Zucker
- 50 g gemahlene Mandeln
- 2 EL Speisestärke
- 1 EL Puderzucker

Füllung:

- 500 g Mascarpone
- 100 g weiche Butter
- 200 g Puderzucker
- abgeriebene Schale und Saft von je 1 unbehandelten Zitrone und Orange
- 60 g abgetropfte Maraschino-Kirschen

Dekoration:

- 300 g Marzipan-Rohmasse
- 100 g Puderzucker
- rote Lebensmittelfarbe
- je 100 g Halbbitter-Kuvertüre und dunkle Schoko-Fettglasur (Fertigprodukt)

Schwierigkeit: 🍒 🍒

Exklusiv

Läßt sich gut vorbereiten

Arbeitszeit: ca. 2 Std.
+ **Backzeit:** ca. 20 Min.

TIP!

Für Eilige: Baiserboden weglassen, nur eine Sorte Creme (aus 500 g Mascarpone) zubereiten. 2 Schichten dunklen Wiener Tortenboden mit Creme bestreichen, dritten Boden daraufsetzen und Torte dick mit Creme überziehen. Rand mit gehackten Pistazien bestreuen, Gondeln oben in die Cremeschicht setzen.
Wer's nicht so süß mag: frische, entsteinte Kirschen statt Maraschino-Kirschen verwenden, dafür die Schokoböden mit etwas Maraschino (oder Kirschsaft) tränken.

1. Baiser-Boden: Ofen auf 180° vorheizen. Blech mit Backpapier auslegen, einen Kreis (24 cm Ø) aufzeichnen. Eiweiße steif schlagen, zum Schluß Zucker unterschlagen. Mandeln, Stärke und Puderzucker mischen, unterheben. Masse im Kreis auf dem Blech glattstreichen **(Step 1)**, ca. 20 Min. backen.

2. Mascarpone, Butter und Puderzucker glattrühren. Eine Hälfte davon mit Zitronensaft- und -schale, die andere Hälfte mit Orangensaft und -schale verrühren. Etwas Creme für die Dekoration beiseite stellen.

3. Baiserboden auf Tortenpapier setzen, mit Orangencreme bestreichen, Kirschen darauf verteilen. Eine Schicht dunklen Tortenboden darauf setzen, mit Zitronencreme bestreichen. Zweiten dunklen Boden darauf legen, mit Orangencreme bestreichen. Letzten Boden darüberlegen, Torte mit Zitronencreme bestreichen. Kalt stellen.

4. Marzipan mit Puderzucker verkneten, mit Lebensmittelfarbe rosa färben. Für den Tortenrand dünn ausrollen. Eine Längsseite bogen- oder zackenförmig schneiden. Um die Torte legen, kalt stellen.

5. Mit Hilfe der Vorlage (vorne im Buch) Gondeln auf Backpapier übertragen (z. B. durchpausen). Kuvertüre und Schokoglasur zusammen schmelzen, in kleine Gefriertüte füllen, winzige Ecke abschneiden. Gondeln nachspritzen **(Step 2)**. Fest werden lassen. Vor dem Servieren Tortenoberfläche in Stücke einteilen, jedes mit einer Creme-Spirale verzieren. Schoko-Gondeln daraufsetzen.

Schoko-Boden selber backen:

1 $^{1}/_{2}$ mal Grundrezept Heller Sandteigboden mit Ricotta, S. 114, 5 Eier verwenden, zusätzlich: 3 EL Ricotta, 3 EL Kakaopulver

Arbeitszeit: ca. 20 Min.
+ **Backzeit:** 40–45 Min.

1. Teig nach dem Grundrezept mit Ricotta und 5 Eiern zubereiten. Zusätzlich 3 EL Ricotta und 3 EL Kakaopulver unter den Teig rühren. Backofen auf 170°–180° vorheizen.

2. In einer mit Backpapier ausgelegten Springform (24 cm Ø) 40–45 Min. backen, abkühlen lassen. Zweimal horizontal durchschneiden.

1

2

Caipirinha-Torte

Teig für 1 Spring- oder Pieform (24 cm Ø):
- 300 g Mehl
- 100 g Butter
- 75 g Puderzucker
- 1 Ei (M)
- Fett für die Form

Füllung:
- 3 Blatt weiße Gelatine
- 4 Limetten
- 100 ml dunkler Rum, ersatzweise: Limetten- oder Kokossirup
- 5 Eigelbe (M)
- 150 g Zucker
- 200 g Sahne

Dekoration:
- 4 EL Kokos-Chips (z.B. Reformhaus)
- bunte Zuckerstreusel
- etwas (beliebige) Marmelade

Schwierigkeit: 🍒 🍒

Fürs Party-Buffet

Läßt sich gut vorbereiten

Arbeitszeit: ca. 30 Min.

Backzeit: 15–20 Min.

Kühlzeit: ca. 3 Std.

Schmeckt wie der berühmte Rum-Limetten-Cocktail aus Brasilien und ist genau wie dieser – einfach umwerfend gut! Sieht toll aus auf einem mexikanischen Buffet.

1. Aus den Teigzutaten nach dem Grundrezept auf Seite 115 einen Mürbeteig kneten. Zur flachen Scheibe formen und kurz kühl stellen. Form einfetten. Teig auf wenig Mehl zu einer großen runden Platte ausrollen, Form damit auslegen und Teig am oberen Rand glatt abschneiden. Form mit dem Teig 30–60 Min. kalt stellen. Teigreste noch mal ausrollen, mit Schablone oder freihändig kleine Palmen oder Kakteen ausschneiden, auf Backpapier legen und ebenfalls kalt stellen.

2. Ofen auf 180° vorheizen. Teigboden mit einer Gabel mehrmals einstechen, in 15–20 Min. goldgelb backen. Dabei die Figuren ca. 10 Min. mitbacken, bis sie leicht gebräunt sind. Boden und Figuren abkühlen lassen.

3. Für die Füllung Gelatine kalt einweichen. Schale von 2 Limetten abreiben, alle Limetten auspressen (sollte ca. 100 ml Saft ergeben). Saft mit dem Rum oder Sirup mischen. Eigelbe und Zucker im heißen Wasserbad dickcremig schlagen. Rum-Limettensaft-Mischung erwärmen, Gelatine darin auflösen. Mit der Limettenschale nach und nach zur Eigelbcreme geben und unterrühren. Creme abkühlen lassen. Dann die Sahne steif schlagen und unterziehen. Die Creme auf dem Tortenboden verteilen, die Torte mindestens 2 Std. kalt stellen.

4. Für die Dekoration 2 EL Kokos-Chips auf ein Backblech streuen und bei 180° im Ofen ca. 5 Min. goldbraun rösten. Die Torte mit gerösteten und weißen Kokos-Chips und Zuckerstreuseln bestreuen. Keks-Palmen oder -Kakteen mit etwas Marmelade an den Rand »kleben« oder zu jedem Tortenstück auf den Teller legen.

TIP!

Die Torte schmeckt auch halbgefroren sehr gut.
Wer mag, kann die Hälfte der Sahne durch zwei steifgeschlagene Eiweiße ersetzen. Eischnee ganz zum Schluß, nach der Sahne, unter die Creme ziehen.

Candyman-Torte

Teig für 2 Fettpfannen:
700 g weiche Butter
500 g Doppelrahm-Frischkäse
480 g Zucker
abgeriebene Schale von
4 unbehandelten Zitronen
4 Päckchen Vanillezucker
12 Eier (M)
900 g Mehl
8 TL Backpulver

Glasur:
600 g weiße Kuvertüre

Dekoration:
Ca. 500 g gemischte Dragees, Weingummi-Figuren, Lakritzkonfekt und andere Süßigkeiten nach Geschmack

Schwierigkeit:
Für Kinderpartys
Gut vorzubereiten

Arbeitszeit: ca. 1 1/2 Std.
+ **Backzeit:** ca. 1 1/2 Std.

Achtung: diese Torte ist riesig, da sie aus zwei Halbkreisen (in der Fettpfanne gebacken) zusammengesetzt wird. Eignet sich besonders toll als beeindruckende Geburtstagstorte. Hier gibt's ordentlich was abzuräumen, ehe der leckere Tortenboden verteilt wird. Je bunter die Auswahl, desto schöner! – Material fürs Dekorieren finden Sie reichlich an der Bonbonbar im Kaufhaus.

1. Ofen auf 170–180° vorheizen. Teig für jede Fettpfanne getrennt aus jeweils der halben Zutatenmenge anrühren: Butter und Frischkäse cremig rühren, Zucker, Zitronenschale, Vanillezucker und Eier nach und nach zufügen und alles gründlich verrühren. Mehl und Backpulver mischen, nur ganz kurz unterrühren. Fettpfanne mit Backpapier auslegen, Teig darauf verteilen und gut glattstreichen. Ca. 40–45 Min. backen. (Mit einem Holzstäbchen prüfen, ob er durchgebacken ist – siehe S. 114 –, sonst die Backzeit 5 Min. verlängern.) Die Teigplatten gut auskühlen lassen.

2. Aus den beiden Platten zwei gleiche, möglichst große Halbkreise ausschneiden. Eventuell eine Schablone dafür zur Hilfe nehmen.

3. Die beiden Teighalbkreise mit Hilfe einer Tortenscheibe vom Blech heben. Auf einer passenden Unterlage zu einer großen flachen Torte zusammensetzen. Gut geeignet ist z.B. ein zugeschnittenes Stück fester Karton, der mit Folie überzogen wird.

4. Für die Glasur die Kuvertüre nach Packungsaufschrift erwärmen. Torte damit überziehen. Etwas fest werden lassen. Oberfläche in Tortenstücke einteilen und jedes Stück mit einer anderen Sorte Süßigkeiten dekorieren.

TIP!

Wer mag, kann aus Tortenkarton ein Preisschild schreiben (»assorted candies« – $ 1.50 ...) und in die Torte stecken.

Auch schön: Auf jedes Tortenstück eine Waffeltüte legen, verschiedene Sorten Candies herauskullern lassen.

Man kann auch aus beiden Teigplatten eine große viereckige Fläche zusammensetzen, in kleine Quadrate einteilen und darauf die Candies nach Sorten getrennt verteilen.

Ballerina-Torte

Baiser für 2 Tortenböden
(18 und 20 cm Ø):
250 g Zucker
50 g Speisestärke
2 TL Backpulver
5 Eiweiße (M)

Dekoration:
ca. 100 g Zucker für den Karamel

Belag:
ca. 500 g gemischte Früchte, z.B. Erdbeeren, Papayas, grünfleischige Melonen etc.
300 g Crème double
200 g Sahne

Schwierigkeit: 2 von 3
Auch schön als Dessert
Preiswert
Arbeitszeit: ca. 40 Min.
+ **Backzeit:** 4–5 Std.

Einfach Spitze: eine hauchzarte Kreation aus Baiser, Crème double, Früchten und Karamel. Ursprünglich der russischen Startänzerin Pavlova gewidmet und nach ihr benannt – macht aber nicht nur Ballettfans glücklich!

1. Ofen auf 90–100° vorheizen. Zucker, Speisestärke und Backpulver mischen. Eiweiße in großer weiter Schüssel steif schlagen. Zuckermischung langsam dazurieseln lassen und weiterschlagen, bis der Schnee steife Spitzen bildet und schön glänzt. Aus der Baisermasse auf ein mit Backpapier belegtes Blech mit weiter gezackter Tülle zwei spitzenrockförmige Tortenböden spritzen (Ø ca. 20 und 18 cm). Auf der untersten Schiene in den Ofen schieben und 4–5 Std. trocknen lassen. Dabei die Ofentür mit einem Kochlöffelstiel einen Spaltbreit offenhalten. Baiser abkühlen lassen.

2. Für die Dekoration den Zucker auf einem Blech mit Backpapier verstreuen. 3–5 Min. auf der mittleren Schiene unter den heißen Backofengrill schieben und zu einer hellbraunen Karamelplatte schmelzen lassen. Abkühlen lassen, vom Papier lösen und in dekorative Stücke (Scherben) brechen.

3. Früchte waschen. Erdbeeren halbieren. Papayas halbieren, entkernen, Fruchtfleisch würfeln. Melone entkernen, Fruchtfleisch mit Kugelausstecher zu Bällchen formen. Crème double locker aufschlagen, Sahne steif schlagen, beides vorsichtig vermischen.

4. Großen Baiserboden auf eine Tortenplatte setzen, mit etwa 1/3 der Sahnemischung und der Früchte füllen. Kleinen Baiserboden darüber legen, restliche Sahne und Früchte dekorativ darauf verteilen. Karamelstücke in die Sahne stecken und die Torte sofort servieren.

TIP!

Besonders duftig und zart wirkt die Torte, wenn man die oberen Früchte mit Puderzucker bestäubt.
Variation: Aus der Baisermasse ca. 8 cm große Mini-Pavlovas backen, füllen und mit je 1 Karamelsplitter verzieren.
Zeitspar-Tip: Wer keine Zeit hat, die Böden zu backen, bestellt fertige Böden beim Bäcker oder Konditor.

Lotto-Torte

1 dunkler Wiener Tortenboden
(Fertigprodukt, 2 Schichten)
oder selbstgebackener Boden
(siehe rechte Spalte)

Füllung:
- $\frac{1}{4}$ l Milch
- 1 EL Zucker
- 1 Eigelb (M)
- 25 g Sahne- oder Vanille-Puddingpulver
- $\frac{1}{8}$ l Eierlikör
- 1 EL Weinbrand
- 350 g Sahne

Dekoration:
- je 50 g Zartbitter-Schokolade und Schokoladen-Fettglasur (oder rote und blaue Lebensmittelfarbe)
- 49 Eierlikör-Kugeln (Dragee-Bar im Kaufhaus, ersatzweise: selbstgeformte Marzipankugeln)

Schwierigkeit: 2 von 3

Fürs Party-Buffet

Arbeitszeit: 45 Min.

TIP!

Wem das Beschriften der Kugeln zu mühsam ist, kann auch einfach Schokoziffern von 1 bis 49 (Fertigprodukt) auf der Torte verteilen

Creme ohne Alkohol: Likör und Weinbrand weglassen, dafür die doppelte Menge Milch verwenden.

Für verspielte Genießer genau richtig, denn hier bekommt jeder mit seinem Tortenstück gleich einen Zahlentip. Also: Lottozettel bereitlegen!

1. Für die Creme Milch, Zucker, Eigelb und Puddingpulver in einem Topf verrühren, bis sich das Puddingpulver gelöst hat. Unter Rühren zum Kochen bringen. Sobald die Creme dick wird, vom Herd nehmen. Im eiskalten Wasserbad kalt rühren. Eierlikör und Weinbrand mit dem Pürierstab untermixen. Creme abkühlen lassen, dabei öfter durchrühren. Sahne steif schlagen und unterheben.

2. Für die Dekoration Schokolade und Schoko-Fettglasur hacken und zusammen im Wasserbad schmelzen. (Oder aus roter und blauer Speisefarbe einen dunkelbraunen Farbton anrühren). Eierlikörkugeln mit den Zahlen 1–49 beschriften – am besten geht es mit einem Malkastenpinsel. Dann gut trocknen lassen.

3. Eine Schicht Tortenboden mit der Hälfte der Creme bestreichen, zweite Schicht darauf setzen. Torte rundherum mit der restlichen Creme bestreichen. Auf der Oberfläche mit einem Messerrücken ein gitterförmiges Muster in die Creme ziehen. Die »Lottokugeln« dekorativ über die ganze Torte verteilen – es dürfen auch ruhig einige daneben liegen.

Boden selber backen:

Teig für 1 Springform
(26–28 cm Ø):
- 180 g Mehl
- 50 g Speisestärke
- 2 EL Kakao
- $\frac{1}{2}$ TL Backpulver
- 220 g Butter
- 150 g Zucker
- 4 Eier und 1 Eiweiß (M)
- Saft von 2 und Schale von 1 unbehandelten Zitrone
- 75 g gemahlene Mandeln

Arbeitszeit: 20 Min.
+ **Backzeit:** 35 Min.

1. Backofen auf 180° vorheizen. Mehl, Speisestärke, Kakao und Backpulver mischen. Butter und Zucker schaumig rühren. Nach und nach Eier, Eiweiß, Zitronensaft und -schale unterrühren. Mandeln und Mehlmischung unterheben.

2. Boden der Form mit Backpapier auslegen, Teig hineinfüllen und 30–35 Min. backen (Stäbchenprobe, siehe S. 114). Kurz abkühlen lassen. Dann den Springformrand lösen und Tortenboden auf einem Kuchengitter auskühlen lassen. Einmal horizontal durchschneiden.

Endlos-Torte

Teig für 1 Fettpfanne:
2 mal Grundrezept Heller Sandteigboden, S. 114
Creme:
1/2 l Milch
1 Päckchen Puddingpulver (Sahne oder Vanille)
6–8 EL Zucker
4 EL Himbeergeist oder Kirschwasser (nach Belieben)
250 g Sahne
Belag:
je ca. 250 g Erdbeeren, Himbeeren, Blaubeeren, Johannisbeeren (oder andere Früchte der Saison, evtl. kleingeschnitten)
gehackte Pistazien, Puderzucker
Schwierigkeit:
Auch toll fürs Party-Buffet
Preiswert
Arbeitszeit: ca. 1 Std. 10 Min. + **Backzeit:** ca. 50 Min.

TIP!

Das fertige Tortenband ist ca. 130 cm lang. Sie können es natürlich beliebig verlängern oder kürzen, indem Sie die Rezeptmenge aufstocken oder halbieren.
Sieht auch schön aus: Nur eine Sorte Früchte verwenden (z.B. Erdbeeren), lange Teilstücke aneinanderreihen und die einzelnen Portionsstücke mit Creme markieren.
Wenn's ganz schnell gehen soll: Boden mit einer zu den Früchten passenden Marmelade bestreichen und anstelle der Creme nur Schlagsahne darauf streichen.

Ideal für ein ausgedehntes Kaffeekränzchen: Das dekorative Tortenband zieht sich verlockend vom einen Ende der Kaffeetafel zum anderen – so hat jeder ganz bequem Zugriff auf ein Stück.

1. Tortenboden nach dem Grundrezept (S. 114) in einer mit Backpapier ausgelegten Fettpfanne backen. Eventuell nach ca. 20 Min. mit Alufolie abdecken, wenn der Boden zu dunkel wird. Gut auskühlen lassen.

2. Für die Creme aus Milch, Puddingpulver und Zucker nach Packungsanleitung einen Pudding kochen. Nach Belieben Himbeergeist oder Kirschwasser unterrühren. Pudding abkühlen lassen, dabei öfter durchrühren. Sahne steif schlagen und unterheben.

3. Hälfte der Creme auf dem Tortenboden verstreichen. Etwa 1 cm vom Rand entfernt eine Markierungslinie ziehen, dann die Innenfläche senkrecht in 4 Felder einteilen. Mit einem scharfen Messer den Rand sauber abschneiden und die Felder voneinander trennen. Jedes Feld noch mal in 4 Stücke teilen **(Step 1).** Jedes mit einer anderen Beeren- oder Fruchtsorte belegen.

4. Tortenstücke (am besten auf einer Unterlage aus Tortenspitze) auf dem Tisch zu einem langen Band aneinanderreihen, dabei die Fruchtsorten und -farben abwechseln. Restliche Creme in eine Spritztüte füllen und das Band beliebig damit garnieren (Verbindungsstellen mit Cremestreifen überspritzen). Creme mit Pistazien bestreuen und die Früchte ganz leicht mit Puderzucker bestäuben.

1

Mini-Klassiker

Die kleinen süßen Freuden für jede Gelegenheit. Damit sich das Teiganrühren lohnt: Gleich die Böden für 3 Minitorten backen, nicht benötigte Böden einfrieren oder Füllung und Deko verdreifachen und 3 nette Leute beglücken.

Schwarzwälder Kirschtorte

Teig für drei Mini-Mürbeteig-Böden (16 cm Ø):
1 mal Grundrezept S. 115
1 dunkler Wiener Tortenboden (Fertigprodukt, 2 Schichten) oder Schokoböden aus Grundrezept für Hellen Sandteigboden (S. 114) mit Quark plus 2 EL Kakao.
Füllung für 1 Mini-Torte:
250 g Sauerkirschen (Glas)
300 g Sahne
1 Päckchen Vanillezucker
1–2 EL Sauerkirsch-Konfitüre
4–6 EL Kirschwasser
Dekoration:
Schokoladenbäumchen und 1 mm dünne Schokoplatte aus Deko-Schokomasse (Dekorieren, S. 116)
Schwierigkeit: 🍒 🍒
Arbeitszeit: ca. 1 Std. + **Backzeit:** ca. 15 (oder 3 x 15) Min.

1. Mürbeteigböden nach Grundrezept zubereiten. In Mini-Springformen gleichzeitig (oder nacheinander) in ca. 15 Min. goldgelb backen, auskühlen lassen. Zwei Böden einfrieren. Schokoladenböden mit Hilfe einer Schablone auf 14–16 cm Ø zurechtschneiden. Oder 3 Schokoböden nach Grundrezept (siehe Zutatenliste links) ca. 30 Min. backen. 2 Böden einfrieren, 1 Boden waagerecht halbieren.

2. Kirschen abtropfen lassen. Etwa 6–8 schöne Kirschen zum Garnieren beiseite legen. Sahne mit Vanillezucker steif schlagen.

3. Mürbeteigboden mit Kirsch-Konfitüre bestreichen. Einen Schokoladenboden darauf setzen, mit Kirschwasser beträufeln, Kirschen darauf verteilen. Mit ca. 1/3 der Sahne bedecken, zweiten Schokoladenboden daraufsetzen, wieder beträufeln. Torte rundum dick mit Sahne bestreichen. Oberfläche mit Kirschen, Schokobäumchen und Sahnetuffs garnieren. Schokoladenplatte in Stücke brechen, Rand damit garnieren. Torte bis zum Servieren kalt stellen.

Frankfurter Kränzchen

Teig für 3 Kränzchen (16 cm Ø):
1 mal Grundrezept (Heller Sandteigboden, S. 114)
Füllung und Dekoration für 1 Kränzchen:
250 g weiche Butter, 2 Eigelb
125 g Puderzucker
1 Päckchen Vanillezucker
ca. 4–5 EL Haselnußkrokant (Fertigprodukt)
Schwierigkeit: 🍒 🍒
Arbeitszeit: ca. 50 Min. + **Backzeit:** ca. 40 (oder 3 x 40) Min.

1. Teig nach dem Grundrezept (S. 114) zubereiten. Den Teig gleichzeitig (oder nacheinander) in Mini-Kranzformen oder Ring- bzw. Savarinformen etwa 40 Min. (siehe Stäbchenprobe S. 114) backen und auskühlen lassen. Zwei Kuchenringe einfrieren, den dritten horizontal zweimal durchschneiden.

2. Für die Creme Butter schaumig rühren. Eigelbe, Puderzucker und Vanillezucker unterrühren, bis die Creme ganz hell und locker ist. Die Hälfte der Creme auf den Kuchenschichten verstreichen, Kuchen zusammensetzen und ganz mit Creme überziehen. Von allen Seiten mit Krokant bestreuen.

Mini-Klassiker

Die Teig-Böden reichen jeweils für 3 Minitorten. Nicht benötigte Böden können Sie einfrieren oder Füllung und Deko verdreifachen und so eine kleine Tortenserie herstellen.

Baby-Cheesecake

Teig für 3 Mini-Böden (14–16 cm Ø):

1 mal Grundrezept Mürbeteig, S. 115, zusätzlich: abgeriebene Schale von 1 unbehandelten Zitrone

Füllung für 1 Torte:

375 g Sahnequark

80 g Zucker • 1 EL Mehl

Schale von je $^1/_2$ unbehandelten kleinen Zitrone und Orange

2 TL Vanillezucker • 2 Eier (S)

1 Eigelb (S) • 1 EL Sahne

Dekoration:

Tortenkarton (Haushaltswarengeschäft)

Puderzucker

Schwierigkeit:

Arbeitszeit: ca. 40 Min. + **Backzeit:** 65–75 Min.

1. Teig nach dem Grundrezept (S. 115) zubereiten. Zitronenschale unterkneten. $^1/_3$ vom Teig gleich verwenden, restlichen Teig zu zwei kleinen Platten formen und einfrieren.

2. Ofen auf 200° voheizen. Vom Teig ca. $^2/_3$ auf dem Boden einer Mini-Springform ausrollen und in ca. 15 Min. goldgelb backen. Abkühlen lassen, Ofen auf 180° herunterschalten.

3. Für die Füllung Quark, Zucker, Mehl, abgeriebene Zitrusfruchtschale und Vanillezucker gut verrühren. Eier, Eigelb und Sahne unterrühren. Aus dem Mürbteigrest eine Rolle formen und als Rand in die Form legen, flach andrücken. Quarkmischung hineinfüllen. Kuchen ca. 50–60 Min. backen. Auskühlen lassen. Beliebige Initialen (z.B. N.Y.) aus Tortenkarton ausschneiden. Auf die Torte legen, mit Puderzucker besieben und Schablone abheben.

Kleine Sachertorte

Teig für 3 Mini-Böden (14–16 cm Ø):

1 mal Grundrezept Dunkler Schokoladenboden, S. 114

Füllung und Überzug (1 Torte:)

150 g Aprikosen-Konfitüre

75 g Zartbitter-Schokolade

100 g Zucker

Dekoration:

ca. 50 g Marzipan-Rohmasse

Puderzucker

Schwierigkeit:

Arbeitszeit: ca. 45 Min. + **Backzeit:** ca. 35 (oder 3 x 35) Min.

1. Tortenböden nach dem Grundrezept (S. 115) in drei Mini-Springformen oder mit verstellbarem Tortenring gleichzeitig (oder nacheinander) 30–35 Min. backen, auskühlen lassen. Alle Böden horizontal nach Belieben 1–2 mal durchschneiden.

2. Alle Schichten mit Aprikosenkonfitüre bestreichen und aufeinandersetzen. Restliche Konfitüre erwärmen, damit sie dünnflüssig wird. Torte rundherum damit bestreichen. Für die Glasur die Schokolade hacken. Zucker mit 60 ml (5 EL) Wasser und der Schokolade 7 Min. sprudelnd kochen lassen. Heiß gleichmäßig über der Torte verteilen.

3. Marzipan dünn ausrollen, ein großes S ausschneiden oder ausstechen. Mit Puderzucker bestäuben und auf die Torte legen.

Silvestertorte

1 dunkler Wiener Tortenboden
(Fertigprodukt, 2 Schichten) oder selbstgebackener Boden nach Grundrezept Heller Sandteigboden, S. 114. Teig mit Sahnequark plus 1 zusätzlichen EL Quark und 3 EL Kakao anrühren.

Füllung:
2 Blatt Gelatine, $^1/_8$ l Milch, 1 Eigelb (M),
2 EL Zucker, 25 g Sahne- oder Vanille-Puddingpulver,
7 EL Marc de Champagne (Weinbrand aus Champagner), ersatzweise: 100 ml Tropenfrucht-Sirup
350 g Sahne

Überzug:
200 g weiße Kuvertüre, 200 g Sahne

Dekoration:
weiße Schoko-Späne (siehe Schokoornamente, S. 116), Gold- und Silber-Zuckerperlen, Champagnertrüffel (evtl. als Edel-Knallbonbons verpackt)

Schwierigkeit: ●●
Arbeitszeit: ca. 30 Min.
+ **Kühlzeit:** ca. 30 Min.

1. Gelatine kalt einweichen. Milch, Eigelb, Zucker und Puddingpulver unter Rühren aufkochen. Gelatine unterrühren, ca. 30 Min. abkühlen lassen. Marc de Champagne mit dem Pürierstab untermixen. Sahne steif schlagen, unterheben. Creme auf einem Tortenboden verteilen, zweiten Boden darauf setzen.

2. Kuvertüre hacken. In der schwach (!) erhitzten Sahne auflösen. Durch ein Sieb streichen, Torte damit überziehen.

3. Torte mit Schoko-Spänen, Zuckerperlen und Trüffeln dekorieren. Eventuell mit Wunderkerzen auf den Tisch bringen.

Fest Torten

Schokoladen-Romanze

1 dunkler Wiener Tortenboden (Fertigprodukt, 3 Schichten) oder selbstgebackener Boden (siehe rechte Spalte)

Füllung und Überzug:
250 g Halbbitter-Schokolade
250 g Sahne
6 EL Cognac, 3 TL Butter, 2 EL Puderzucker (nach Belieben)

Dekoration:
je 100 g Halbbitter-Kuvertüre und Schokoladen-Fettglasur
Dünne, verzweigte Ästchen und Blätter

Schwierigkeit:
Exklusiv
Schön zum Verschenken
Arbeitszeit: ca. 1 Std.

TIP!

Wundern Sie sich nicht, daß der selbstgebackene Boden kein Mehl enthält. Durch die Eier geht er zuerst hoch auf und fällt dann wieder zusammen. Er entwickelt eine konfektartige Konsistenz.
Wenn's schneller gehen soll, können Sie als Dekoration auch helle und dunkle Schokoladenblätter (Fertigprodukt) verwenden.
Sollte etwas Trüffelmasse übrigbleiben: In Konfekthütchen oder Pralinenmanschetten spritzen – eine feine Nascherei!

1. Aus einer Schicht Tortenboden einen kleinen Kuchen mit 12–14 cm Ø ausschneiden. Die anderen beiden Schichten im Ganzen verwenden.

2. Für die Füllung Schokolade im Blitzhacker fein zerkleinern. Sahne erhitzen, über die Schokolade gießen, schmelzen lassen. Dabei ab und zu umrühren. Nach Gusto Cognac, Butter, Puderzucker untermischen. Hälfte der Schokoladenmasse kühlen, bis sie geschmeidig-fest ist. Restliche Schokomasse in warmem Wasserbad flüssig halten.

3. Einen großen Tortenboden auf Backpapier setzen. Kalte Schokomasse mit dem elektrischen Handrührgerät aufschlagen, bis sie hell und lockerschaumig ist. Sofort dreiviertel davon auf dem Boden verstreichen, zweiten großen Boden darauf setzen, mit Schokomasse überziehen. Den kleinen Boden ebenfalls auf Backpapier setzen und rundum mit Schokomasse betreichen (muß schnell gehen, da die Masse sonst zu fest wird). Böden kalt stellen.

4. Beide Torten mit flüssiger Schokomasse überziehen, fest werden lassen. Dann auf einer Tortenplatte aufeinandersetzen. Kuvertüre und Schokoglasur zusammen schmelzen. Ästchen damit bestreichen, trocknen lassen **(Step 1)**. Schokoladenblätter herstellen (siehe Dekorieren, S. 116). Torte üppig mit Schokoladenblättern und -ästen dekorieren.

Böden selber backen:

Teig für 3 Böden
(2x 24 cm und 12–14 cm Ø):
370 g Halbbitter-Schokolade
370 g Butter, 1 Prise Salz
7 Eier (L), 6 Eiweiße (L)
200 g Zucker
Fett und Zucker für die Form
Arbeitszeit: ca. 20 Min.
+ **Backzeit:** ca. 1 1/2 Std.

1. Ofen auf 150° vorheizen. Formen einfetten. Böden jeweils mit Backpapier auslegen, nochmal einfetten und mit Zucker ausstreuen. Schokolade mit Butter und Salz bei milder Hitze im Wasserbad gerade eben schmelzen. 6 Eier trennen. Eigelbe und ganzes Ei mit 2/3 des Zuckers hell und dickschaumig schlagen. Eiweiße mit restlichem Zucker steif schlagen. Schokomasse und Eischnee zur Eigelbcreme geben, beides sorgfältig unterheben.

2. Teig in die Formen verteilen. Große Kuchen ca. 45, kleinen ca. 35 Min. backen. (Restlichen Teig bis zum Backen kalt stellen.) Böden sehr gut abkühlen lassen.

1

Erfolgsleiter-Torte

2 Wiener Tortenböden
(Fertigprodukt, je 2 Schichten)
oder selbstgebackene Böden
(siehe rechte Spalte)

Zum Tränken der Böden
(nach Belieben):
- 4 EL Espresso
- 3 EL Weinbrand
- 2 EL Orangenlikör
- 1 EL Mandellikör (Amaretto)

Für den Überzug:
- 300 g weiße Schokolade
- Schale und Saft von 1 großen unbehandelten Orange
- 200 g Mascarpone
- 4 Blatt weiße Gelatine
- 4 EL Orangenlikör
- 500 g Sahne

Dekoration:
- 1 mal Grundteig Mürbeteig, S. 115, für die Keksleitern und -Figuren
- gehackte Pistazien
- Kapstachelbeeren (Physalis)

Schwierigkeit:
Braucht etwas Zeit
Schön für ein Party-Buffet
Arbeitszeit: ca. 1 Std.
+ **Backzeit:** ca. 15 Min.
+ **Kühlzeit:** ca. 1 Std.

1. Aus den vier Tortenboden-Schichten verschiedene Böden zuschneiden (z.B. 26 cm Ø, 22 cm Ø, 18 cm Ø und 14 cm Ø). Teigböden nach Belieben mit Holzstäbchen mehrmals einstechen, unterschiedlich tränken.

2. Schokolade hacken, im heißen Wasserbad schmelzen. Orangenschale und Mascarpone unterrühren. Gelatine kalt einweichen. Orangensaft erhitzen, Gelatine darin auflösen. Likör und 3–4 EL Schokomasse unterrühren. Zur restlichen Schokomasse geben, gründlich verrühren. Sahne steif schlagen, unterziehen. Tortenböden jeweils mit Schokocreme rundherum bestreichen, kalt stellen.

3. Für die Keksleitern und -Figuren Mürbeteig zubereiten, ausrollen. Einfache Figuren und unterschiedlich lange Leitern ausschneiden **(Step 1)**, bei 180° im vorgeheizten Ofen in 10–15 Min. goldgelb backen.

4. Kurz vor dem Servieren Torte zusammensetzen. Mit Pistazien bestreuen. Keksleitern anlehnen. Keks-Figuren und Kapstachelbeeren auf der Torte verteilen.

1

Böden selber backen:

Teig für je 1 Boden von 26 cm Ø
(22, 18, 14 cm Ø):
- 250 g (200, 180, 150 g) Butter
- 200 g (150, 120, 100 g) Zucker
- 1 Päckchen (1/2 P., 3 TL, 2 TL) Vanillezucker
- 4 Eier (3, 2 und 1 Ei, jeweils M)
- je 1 Prise Salz
- abgeriebene Schale von 1 Zitrone
- 500 g (400, 350, 300 g) Mehl
- 1 Päckchen (3 TL, 2 TL, 1 TL) Backpulver
- 1/8 l (100 ml, 4–5 EL, 3–4 EL) Milch

als Geschmackszutaten:
100 g gehackte Halbbitter-Schokolade (100 g gehackte Haselnüsse, 50 g gehackte weiße Schokolade und geriebene Schale von 1 Orange, 50 g geriebene Marzipan-Rohmasse)
jeweils Fett für die Form

Arbeitszeit: 60 Min.
+ **Backzeit:** 1 Std. 50 Min.

1. Ofen auf 180° vorheizen. Butter mit Zucker und Vanillezucker schaumig rühren, Eier mit Salz und Zitronenschale unterrühren. Mehl und Backpulver mischen. Abwechselnd mit der Milch unterrühren. Soviel Flüssigkeit verwenden, daß der Teig schwer reißend vom Löffel fällt.

2. Nun Geschmackszutaten unterheben: Halbbitter-Schokolade (26-cm-Boden), Nüsse (22-cm-Boden), weiße Schokolade und Orangenschale (18-cm-Boden), Marzipan (für den kleinsten Boden). Teig jeweils in die gefettete Form füllen, je 2 Böden gleichzeitig auf der unteren Schiene backen: Großen Boden ca. 60 (50, 45, 35–40) Min. (Stäbchenprobe, S. 114). Abkühlen lassen.

TIP!

Sie können die Tortenböden auch in einer Etagenbackform backen. Die fertigen Biskuit-Stockwerke (siehe Grundrezept S. 115) auseinanderschneiden. Von 2 Schichten einen Rand abschneiden, so daß 4 Etagen entstehen.

Torte »Sweet Love«

2 Wiener Tortenböden
(Fertigprodukt, je 2 Schichten)
oder selbstgebackene Böden
(siehe rechte Spalte)

Füllung:
2 Blatt weiße Gelatine
250 g Sahne
10–12 Kirsch-Likör-Pralinen
(z.B. Moncheri)

Glasur:
200 g Halbbitterschokolade
200 g Sahne

Dekoration:
Rosen (ungespritzt), evtl. romantische Oblaten-Bilder (Kaufhaus: Papierabteilung, Schreibwarengeschäft), evtl. Rosenzucker aus 1 Handvoll Rosenblütenblättern und 2–3 EL Zucker (siehe unter Punkt 4)

Schwierigkeit: 🍒🍒
Raffiniert

Arbeitszeit: ca. 40 Min.

TIP!

Statt Kirsch-Likör-Pralinen: Abgetropfte Sauerkirschen aus dem Glas, 2 EL Kirschwasser und grob gehackte Schokolade unter die Sahne heben.

Kuchenreste, die beim Ausschneiden der Herzen übrigbleiben, kann man einfrieren und später für ein feines Dessert verwenden: Kuchenstücke mit Likör beträufeln, abwechselnd mit Apfelmus (oder abgetropften Sauerkirschen, Erdbeeren oder anderem Obst) und Schlagsahne in eine Glasschüssel schichten, durchziehen lassen. Obere (Sahne-) Schicht dicht mit Schokoraspeln bestreuen.

1. Für die Füllung Gelatine in kaltem Wasser einweichen. 2–3 EL Sahne erhitzen. Gelatine ausdrücken und darin auflösen. Pralinen mit scharfem Messer vierteln. Restliche Sahne steif schlagen, dabei langsam die aufgelöste Gelatine unterschlagen. Pralinen untermischen.

2. Den Umriß eines Wiener Bodens auf Papier oder dünnen Karton übertragen und einen – möglichst großen – Herzumriß einzeichnen. Ausschneiden und mit Hilfe dieser Schablone aus jeder Tortenbodenschicht ein Herz schneiden. Zwei der Kuchenherzen auf eine Platte mit Backpapier setzen, mit der Pralinen-Sahne bestreichen. Die beiden anderen Herzen darauf setzen. Kühl stellen.

3. Für die Glasur gehackte Schokolade und Sahne in einem kleinen Topf schmelzen, kurz abkühlen lassen. Glasur über die Herzen gießen, gleichmäßig auf der Oberfläche und am Rand verstreichen. Herzen ca. 10 Min. in den Tiefkühler stellen, dann vorsichtig auf eine Platte heben, dicht nebeneinander plazieren.

4. Tortenherzen mit frischen Rosen, Rosenblättern und Oblaten-Bildern nach Belieben verzieren. Äußeren Rand mit Rosenzucker bestreuen: Dafür Rosenblätter und Zucker zusammen im Blitzhacker fein zerkleinern. Torte bis zum Servieren kühlen. Sie können die Torte auch sehr romantisch mit Schokoblättern belegen (Deko-Anleitung siehe S. 116) **(Step 1).**

Böden selber backen:

Teig für 1 Fettpfanne:
150 g Halbbitterschokolade
9 Eier (M), 50 g weiche Butter
1 EL Puderzucker, 50 g Zucker
150 g Mehl
Für die zweite Kuchenplatte noch einmal dieselben Zutaten

Arbeitszeit: ca. 20 Min.
Backzeit: ca. 30 + 30 Min.

1. Den Teig in zwei Partien separat anrühren. Schokolade hacken, bei schwacher Hitze schmelzen, abkühlen lassen. Ofen auf 180° vorheizen. Eier trennen. Butter mit Puderzucker, der Hälfte des Zuckers und allen Eigelben dickschaumig rühren. Schokolade untermischen. Eiweiße mit restlichem Zucker steif schlagen, mit Mehl unter die Eigelbcreme ziehen. Fettpfanne mit Backpapier auslegen. Teig darauf verstreichen, ca. 30 Min. backen (Stäbchenprobe, siehe S. 114). Zweite Teigplatte ebenso backen. Kuchenplatten über Nacht abkühlen lassen. Aus jeder Teigplatte 1 Herz ausschneiden und einmal horizontal halbieren.

1

Angelfood-Torte

Für 1 Angelfood-Form, ersatzweise: beschichtete Springform mit Kranzkuchen-Einsatz (24 cm Ø):

100 g Mehl
3 EL Speisestärke
380 g feinster Zucker
10 Eiweiße (M)
1 Prise Salz
1 1/4 TL Weinstein-Backpulver
1 TL gemahlene Vanille (Reformhaus)

Füllung, Überzug und Dekoration:

3 Eiweiße (M)
300 g Zucker
150 g Kokosflocken
Engel-Oblaten-Bilder

Schwierigkeit: 🍒 🍒
Läßt sich vorbereiten
Auch als Hochzeitstorte schön
Arbeitszeit: ca. 1 1/2 Std.
+ **Backzeit:** ca. 1 Std.
+ **Trockenzeit:** ca. 30 Min.

TIP!

Die Originalform können Sie über gut sortierte Haushalts-Shops beziehen.
Sie können die Torte auch mit gesüßter Schlagsahne füllen und garnieren (evtl. mit etwas Gelatine oder Sahnesteif gefestigt). Als Füllung eignet sich auch ein Frischkäse-Frosting (siehe Maxi-Banane, S. 96). Dann muß die Torte allerdings bis zum Servieren kalt gestellt werden.
Wer's weniger süß mag, kann die Baiser-Schicht außen auf dem Kuchen weglassen. Stattdessen leicht mit Puderzucker bestreuen. Paßt auch gut: Eine dünne Zitronen-Puderzucker-Glasur.

Leicht wie eine Wolke und einfach himmlisch gut – der berühmte »Engelskuchen« aus USA. Hier als feine Torte, mit raffiniert versteckter Baiserfüllung und schneeweißen Kokosraspeln als Dekoration.

1. Ofen auf 170° vorheizen. Mehl, Stärke und 130 g Zucker mischen und dreimal durchsieben (macht den Kuchen extra locker!). Eiweiße schaumig schlagen. Salz und Backpulver zufügen. Weiterschlagen, bis der Schnee weiche Spitzen bildet. Restlichen Zucker einrieseln lassen, Vanille zufügen. Auf höchster Stufe schlagen, bis der Schnee glänzt. Mehlmischung in kleinen Portionen über den Eischnee sieben, unterheben. Teig in die Form füllen und mit einem Löffel einmal durchrühren, damit Luftblasen entfernt werden. Ca. 1 Std. backen (Stäbchenprobe, siehe S. 114). Sofort umgedreht auf einem Kuchengitter auskühlen lassen.

2. Kuchen vorsichtig aus der Form lösen. Mit einem Messer eine Kappe abschneiden **(Step 1).** Aus dem unteren Kuchenteil einen 2 cm breiten, 2 cm tiefen »Kanal« rundherum ausschneiden **(Step 2).**

3. Für Füllung und Überzug Eiweiße im heißen Wasserbad steif schlagen, Zucker dazurieseln lassen. Ca. 7 Min. weiterschlagen, bis die Masse dick und glänzend ist. Aus dem Wasserbad nehmen, weiterschlagen, bis die Baisermasse wieder abgekühlt ist. Etwas Baisermasse in eine Spritztüte füllen, in den Kuchen-Kanal spritzen, mit 1/5 der Kokosflocken bestreuen. Kuchen-Oberteil darauf setzen, leicht andrücken.

4. Restliche Baisermasse mit einem breiten Messer über dem ganzen Kuchen verteilen (evtl. Spitzen ziehen oder Oberfläche strukturieren), mit den restlichen Kokosflocken bestreuen. Im Backofen bei 50° ca. 30 Min. trocknen lassen. Als Verzierung Engel-Oblaten obenaufsetzen.

1

2

Himmelblaue Hochzeitstorte

Teig für den 24-cm-Boden
(und nochmals dieselbe Menge für die Formen von 20 und 16 cm Ø)

- 5 Eier (M)
- 200 g Zucker
- 250 g geriebene Möhren (z. B. in Moulinette hacken)
- 250 g gemahlene Mandeln
- 50 g Speisestärke
- 1 EL Rum
- abgeriebene Schale von 1 unbehandelten Zitrone
- 1 TL Zimt
- 2 Prisen Nelken
- 1 Prise Salz
- nach Gusto 50–100 g kandierte Ananas
- Fett für die Formen

Überzug und Spritzmasse:

- 300 g weiche Butter
- 300 g Frischkäse
- 700 g Puderzucker
- etwas Vanille-Aroma
- blaue Lebensmittelfarbe

Dekoration:

- 4 Torten-Säulchen oder ein zweiteiliger Tortenständer (Konditorbedarf oder beim Konditor ausleihen)
- 1 runder Pappkarton mit 16 cm Ø
- frische Blüten, Schleierkraut

Schwierigkeit: 2 von 3 Kirschen

Läßt sich vorbereiten

Arbeitszeit: ca. 2 ½ Std.

Backzeit: je 45, 40 und 30 Min.

Etagenbackform: ca. 1 Std.

1. Die Tortenböden werden in 3 Springformen extra gebacken oder in Einzelportionen in einem verstellbaren Tortenring. Den feinen Teig sollten Sie in 2 Portionen (1mal für 24 cm Ø und 1mal für 20 plus 16 cm Ø) getrennt anrühren. Wenn Sie eine Etagen-Backform besitzen, können Sie die 1,5fache Menge nehmen und auf einmal in der Form backen.

2. Ofen auf 180° vorheizen. Für die Böden Eier trennen. Eigelbe und ²/₃ der Zuckermenge hellschaumig rühren. Die geriebenen Möhren, die Mandeln und die Speisestärke mischen und daraufgeben. Den Rum, die Zitronenschale, den Zimt und die Nelken dazugeben. Nach Gusto kandierte Ananas kleinschneiden und alles vermischen. Zum Schluß den Eischnee steif schlagen, nach und nach den restlichen Zucker dazurieseln lassen, ganz steif schlagen. Dann auf die Teigmasse geben und alles gründlich (aber kurz) unterheben. Formen ausfetten. Teig in den Formen verteilen. Rand der kleinen Form mit einem doppelt gefalteten Alustreifen (7 cm hoch) auslegen, damit der Teig höher aufgehen kann.

3. Großen Boden etwa 45 Min., mittleren ca. 40 Min. und kleinen ca. 30 Min. backen. Stäbchenprobe, S. 114, machen. Die Etagenbackform ca. 30 Min. backen, dann auf 150° zurückschalten und weitere 30 Min. backen. Eventuell mit Alufolie abdecken. Böden auf Kuchengitter vollkommen auskühlen lassen, aus den Formen lösen.

4. Für den Überzug Butter mit Frischkäse und gesiebtem Puderzucker glattrühren. Mit Vanille-Aroma abschmecken. Etwa die Hälfte der Creme mit Speisefarbe hellblau färben. Kleinen Boden auf Karton setzen. Alle Böden erst dünn (um die Krümel zu binden), dann etwas dicker und deckend mit hellblauer Creme überziehen. Weiße Creme in einen Spritzbeutel füllen, Rand der Böden mit Bögen oder Girlanden verzieren. Die Hochzeitstorte kühl stellen.

5. Vor dem Servieren den kleinen Boden evtl. auf Torten-Säulchen obenauf in die Mitte setzen. Oder die kleine Torte mit Hilfe eines Tortenständers etwas erhöht auf die beiden unteren setzen.

6. Torte mit frisch verzuckerten Blüten (siehe Deko-Anleitung S. 116, unten **Step 1 und 2)** und Schleierkraut dekorieren.

1

2

Torte mit Hurra

1 dunkler Wiener Tortenboden
(Fertigprodukt, 3 Schichten)
oder selbstgebackener Boden
(siehe rechte Spalte)

Füllung und Überzug:
4 Blatt weiße Gelatine
100 g Johannisbeer-Konfitüre
100 g rote Johannisbeeren
(frisch oder tiefgekühlt)
400 g Sahne
4 EL Weinbrand (nach Belieben)
1 EL Zucker

Dekoration:
200 g Halbbitter-Kuvertüre
(Fertigprodukt)
evtl. etwas Marzipan-Rohmasse
frische Johannisbeeren

Schwierigkeit:
Läßt sich vorbereiten
Preiswert
Auch als kleine Torte schön
Arbeitszeit: ca. 1 Std. 20 Min.

TIP!

Wenn es keine frischen Johannisbeeren für die Dekoration der Tortenoberfläche gibt: Nehmen Sie Granatapfelkerne. Aufgetaute Beeren sind meist nicht schön genug als Dekoration.
Sahne ohne Alkohol: Stattdessen Vanillezucker und etwas Zitronenschale unterschlagen.
Nehmen Sie einfach die halbe Rezept-Menge, wenn Sie eine Mini-Torte zum Verschenken backen wollen.

Eine Torte, die Sie einfach mögen müssen – fruchtig gefüllt und besonders »ansprechend« dekoriert.

1. Gelatine kalt einweichen. Eine Schicht Tortenboden auf Backpapier legen und mit Konfitüre bestreichen, Beeren darauf streuen. 2–3 EL Sahne erwärmen, Gelatine darin auflösen. Restliche Sahne steif schlagen. Nach und nach Weinbrand (nach Belieben), Zucker und Gelatine unterschlagen. Etwa ein Drittel der Sahne auf dem unteren Boden verteilen. Zweiten Boden darauf legen, das zweite Drittel Sahne darauf glattstreichen und mit dem dritten Boden bedecken. Torte rundherum mit Sahne bestreichen, kalt stellen.

2. Für die Dekoration Kuvertüre schmelzen. In einen Gefrierbeutel füllen, kleine Ecke abschneiden. »Hurra« (oder z. B. den Namen des Gefeierten) mit großen zusammenhängenden Buchstaben auf Backpapier spritzen (am besten vorzeichnen). Unter das Wort kleine Bögen spritzen (damit man es in die Sahneschicht stellen kann, ohne daß der untere Teil darin versinkt) **(Step 1).** Restliche Schokomasse teelöffelweise in großem Abstand auf Backpapier geben, zu flachen Plätzchen verstreichen. Alles fest werden lassen.

3. Vor dem Servieren Torte auf eine Tortenplatte heben. Schoko-Hurra aufrecht auf die Torten-Oberfläche stellen. Von hinten eventuell unsichtbar mit kleinen Marzipan-Kügelchen abstützen. Johannisbeeren rundherum verstreuen. Tortenrand mit Schokoplätzchen verzieren.

Boden selber backen:

Teig für 1 Springform (24–26 cm Ø):
4 Eier (M)
150 g Zucker
60 g Mehl
60 g Speisestärke
50 g Kakao
1 TL Backpulver
Arbeitszeit: ca. 15 Min.
+ **Backzeit:** ca. 30 Min.

1. Ofen auf 175° vorheizen. Boden der Form mit Backpapier auslegen. Eier und Zucker hell und dickschaumig rühren. Mehl, Stärke, Kakao und Backpulver mischen. Über die Eiercreme sieben und unterheben.

2. Teig in die Form füllen und auf der untersten Schiene ca. 35 Min. backen (Stäbchenprobe, siehe S. 114). Sehr gut auskühlen lassen und horizontal zweimal durchschneiden.

1

Eiskalte Melone

1 Schicht heller Wiener
Tortenboden (Fertigprodukt)

Füllung:
180 g Zucker, 1 EL Campari (nach Belieben), 1 Blatt rote Gelatine, 1 kg reife kernlose Wassermelone (ohne Schale gewogen), 500 ml grüne Pistazien-Eiscreme (Fertigprodukt), 250 ml Vanille-Eiscreme (Fertigprodukt), 5 hauchdünne Schokoladentäfelchen

Schwierigkeit:

Arbeitszeit: ca. 1 Std.
+ **Kühlzeit:** ca. 9 Std.

1. Tortenschicht auf ca. 16 cm Ø zuschneiden.

2. Für das Melonen-Sorbet Zucker in 180 ml kochendem Wasser auflösen, abkühlen lassen. Campari (nach Gusto) unterrühren. Gelatine kalt einweichen. Melone schälen, Fruchtfleisch pürieren. 1–2 EL Fruchtpüree erhitzen, Gelatine darin auflösen (dieser Trick macht das Eis supersoft). Mit dem Zuckersirup zum restlichen Püree geben, untermixen. Sorbet 5–6 Std. gefrieren, öfter durchrühren.

3. Nach etwa 4 Std. Eis aus dem Gefriergerät nehmen. Eine rundbauchige Schüssel mit ca. 22 cm Ø mit Klarsichtfolie auskleiden, 10 Min. in den Tiefkühler stellen. Eine 2 cm dicke Schicht Pistazien-Eis hineinstreichen, ca. 30 Min. frosten. Eine 1 cm dicke Schicht Vanille-Eis darüber verteilen, ca. 30 Min. frosten.

4. Melonensorbet noch mal durchmixen. Schokotäfelchen in sehr feine Stücke brechen, unterheben. Sorbet in die Mitte der Schüssel füllen, glattstreichen. Tortenboden auf das Sorbet legen. Eismelone 3–4 Std. frosten. Stürzen, Folie abziehen, in Spalten geschnitten servieren.

Eiskalte Torten

Süßer Iglu

1 Biskuit-Tortenboden
für Obstkuchen (Fertigprodukt)
oder selbstgebackener Boden
(siehe rechte Spalte)

Zum Tränken:
4–5 EL beliebiger Fruchtlikör,
ersatzweise: Fruchtsirup

Füllung und Überzug:
1 l Vanille- oder Schokoladen-Eiscreme (Fertigprodukt)
5 Eiweiße (L)
100 g Zucker

Dekoration:
1 Sternfrucht (Karambole)
Puderzucker

Schwierigkeit:
Schön als Dessert
Für Kinderpartys
Preiswert

Arbeitszeit: ca. 25 Min.
+ **Backzeit:** 3–5 Min.
+ **Kühlzeit:** 1–2 Std.

Die Eistorte, die aus dem heißen Ofen kommt – ein ganz besonderer Clou und verblüffend einfach und ganz schnell zu machen.

1. Tortenboden auf eine ofenfeste Platte legen, mit einer Gabel mehrmals einstechen. Mit Likör oder Fruchtsirup beträufeln. Eiscreme in große Würfel schneiden, bergförmig auf dem Tortenboden verteilen, 1–2 Std. in das Tiefkühlgerät stellen **(Step 1).**

2. Ca. 20 Min. vor dem Servieren Backofen auf 250° vorheizen. Eiweiße steif schlagen. Zum Schluß Zucker dazurieseln lassen und weiterschlagen, bis der Schnee seidig glänzt. Eis-Torte aus dem Tiefkühler nehmen, Baisermasse darauf verteilen und kuppelförmig glattstreichen **(Step 2).** Mit einem Messerrücken ein Ziegel-Muster – die Eisblöcke andeutend – einritzen. Torte für 3–5 Min. in den heißen Ofen schieben (untere Schiene), bis das Baiser ganz leicht gebräunt ist. Die Sternfrucht in Scheiben schneiden und dekorativ um das Iglu verteilen. Mit Puderzucker leicht bestäuben.

Boden selber backen:

Teig für 1 Obstkuchenform (24–26 cm Ø):
$^1/_2$ mal Grundrezept Heller Sandteigboden, S. 114
Arbeitszeit: ca. 20 Min.
+ **Backzeit:** 35–40 Min.

1. Den Teig nach Grundrezept zubereiten. Boden und Rand der Form gut fetten. Eventuell Backpapier in der Größe des Bodens zurechtschneiden und hineinlegen. Teig einfüllen und 35–40 Min. backen (Stäbchenprobe machen, S. 114). Wenn der Boden zu dunkel wird, Alufolie darauflegen. (Wer keine Obstkuchenform hat, nimmt ersatzweise eine normale Springform.)

2. Boden in der Form sehr gut auskühlen lassen.

TIP!

Toll als Dekoration: Schoko-Pinguine. Dafür Pinguin-Eiswürfelformen aus Weichplastik (Haushaltswarengeschäft) mit Deko-Schokomasse (siehe Schoko-Ornamente, S. 116) ausgießen, fest werden lassen. Schoko-Pinguine vorsichtig aus der Form drücken. Nach Belieben mit weißem Zuckerguß oder weißer Deko-Schokomasse Augen und Frackhemd aufmalen. Trocknen lassen.

1

2

Cappuccino-Torte

1 dunkler Wiener Tortenboden (Fertigprodukt, 3 Schichten) oder selbstgebackener Boden (siehe rechte Spalte)
Füllung:
1 EL Instant-Espressopulver
2 Blatt weiße Gelatine
7 Eier (M)
150 g Zucker
300 g Sahne
1 Prise Salz
Kekslöffel-Dekoration:
60 g Marzipan-Rohmasse
1 Eiweiß (M)
1 EL Milch
2 EL Zucker
1 gehäufter EL Mehl
Kakaopulver zum Bestäuben
Schwierigkeit: 🍒🍒
Läßt sich gut vorbereiten
Auch als Dessert geeignet
Arbeitszeit: ca. 25 Min. + **Kühlzeit:** ca. 1 Std.
Arbeitszeit Kekslöffel: ca. 30 Min. + **Backzeit:** 8–12 Min.

1. Espressopulver in 4 EL heißem Wasser auflösen. Gelatine in kaltem Wasser einweichen. Eier trennen. Eigelbe mit 100 g Zucker im heißen Wasserbad dickcremig schlagen. 2–3 EL Sahne erhitzen, Gelatine darin auflösen. Unter die Eiercreme schlagen. Vom Herd ziehen.

2. Restliche Sahne steif schlagen. Eiweiße mit restlichem Zucker und Salz steif schlagen. Sahne und Eischnee nacheinander unter die Eigelbcreme heben. $^1/_3$ der Masse abnehmen, beiseite stellen. Unter die restliche Creme aufgelösten Espresso rühren.

3. Tortenböden in einer passenden Springform (oder im Tortenring) mit der Kaffeecreme füllen. Helle Creme auf dem obersten Boden verteilen. Torte mindestens 1 Std. tiefkühlen.

4. Für die Kekslöffel-Dekoration Marzipan klein würfeln, mit Eiweiß, Milch, Zucker und Mehl gründlich verrühren. Ofen auf 180° vorheizen. Teig durch ein Sieb streichen. Mit Hilfe einer Löffelschablone ca. 12 Löffel dünn auf das mit Backpapier ausgelegte Backblech streichen **(Step 1).** 3 Min. backen, 1 Min. aus dem Ofen nehmen. In 1–3 Min. fertigbacken, bis die Löffel goldgelb und am Rand etwas gebräunt sind. Vom Papier lösen, sofort auf einen Löffel drücken, damit sie plastisch werden **(Step 2).** Abkühlen lassen.

5. Torte mindestens 15 Min. vor dem Servieren aus dem Tiefkühlgerät nehmen, zum Antauen aus der Form lösen. Mit Kakao bestäuben, mit Kekslöffeln dekorieren.

Boden selber backen:

Teig für 1 Springform (22–24 cm Ø):
1 ½ mal Grundrezept Heller Sandteigboden, S. 114, zusätzlich: 2 EL Kakaopulver
Arbeitszeit ca. 20 Min. + **Backzeit:** 40–45 Min.

1. Teig nach Grundrezept zubereiten. Zusätzlich Kakaopulver unterheben.

2. In die mit Backpapier ausgelegte Springform geben und wie angegeben backen. Abkühlen lassen und horizontal zweimal durchschneiden, so daß drei Schichten entstehen.

TIP!

Für Eilige: Torte einfach mit Schoko-Espresso-Bohnen dekorativ be- und umstreuen (statt Kekslöffel). Gibt's als Fertigprodukt zu kaufen.
Toller Trick für den Marzipanteig: Wenn man ihn zwischendurch aus dem Ofen nimmt – in Schritt 4 – bäckt der Teig gleichmäßig durch.

1

2

Eistorte »Tropentraum«

Eismasse für 1 Schüssel oder Springform (16–18 cm Ø):

200 g Zucker
4 Passionsfrüchte (Maracujas)
300 g Crème fraîche
Saft von 2 Orangen
1 grünfleischige Galia-Melone
1 EL Zitronensaft

Dekoration:

Schale von 1 unbehandelten Orange und 2 Zitronen
120 g Zucker
frische Minze oder Ananas-Salbei (siehe Tip)

Schwierigkeit:

Auch schön als Dessert
Zum Einfrieren
Läßt sich vorbereiten

Arbeitszeit: ca. 40 Min.
+ **Kühlzeit:** 5–6 Std.

Eine edle Schönheit mit exotischem Flair. Kaufen Sie dafür nur wirklich reife Früchte, die aromatisch duften – das garantiert den köstlichen Geschmack.
Die Vorbereitung für die kandierten Zitrus-Schalenstreifen der Dekoration mag Ihnen langwierig erscheinen – dafür werden sie aber schön knusprig! Eilge finden unten im Tip! ein »Schnellverfahren«.

1. Zucker mit 200 ml Wasser aufkochen, bis er völlig gelöst ist. Abkühlen lassen. Für das Maracuja-Eis das Fruchtfleisch der Passionsfrüchte aus der Schale lösen. Mit Crème fraîche, Orangensaft und 100 ml Zuckersirup mixen. In das Tiefkühlgerät stellen.

2. Für das Melonensorbet Melonen-Fruchtfleisch von der Schale lösen und pürieren. Zitronensaft und den restlichen Zuckersirup untermixen, ebenfalls frosten.

3. Schüssel oder Springform mit Klarsichtfolie auskleiden. Sobald beide Eismassen fest, aber noch etwas geschmeidig sind, übereinander in die Form füllen und jeweils glattstreichen. Wieder in das Tiefkühlgerät geben.

4. Schalen der Zitrusfrüchte mit dem Sparschäler dünn in Spiralform abschälen, so daß möglichst lange Schalenstreifen entstehen. Mit scharfem Messer in feine Streifen schneiden. Jede Schalensorte in einem kleinen Topf mit Wasser bedecken, je 5 Min. köcheln lassen. Abgießen, mit frischem Wasser noch einmal 5 Min. köcheln. Alles evtl. noch einmal wiederholen (siehe Tip). Danach jede Schalensorte mit 60 g Zucker und 60 ml Wasser aufkochen, 10 Min. köcheln lassen. Im Zuckersirup abkühlen, gut abtropfen und trocknen lassen.

5. Vor dem Servieren Eistorte aus der Form lösen. Folie abziehen, mit den kandierten Zitrusschalenstreifen und etwas Minze oder Ananas-Salbei dekorieren.

TIP!

Dekoration für Eilige: Schmale Zitrusschalenstreifen mit einem Gemüsekerber (Haushaltswarengeschäft) von den Früchten abziehen und nur einmal im Zuckersirup kochen. Sie werden dann allerdings nicht ganz so fein und weniger knusprig. Ananas-Salbei bekommt man beim Kräuterhändler auf dem Markt – auch als Pflanze zum Selberziehen. Er duftet intensiv nach Ananas und bekommt leuchtendrote Blüten – ideal als Deko für exotische Torten, Drinks und Desserts.

Eisrevue-Torte

Baiser für 5 Tortenböden
(22 cm Ø):

750 g feinster Zucker
150 g Speisestärke
7–8 TL Backpulver
15 Eiweiße (M)

Füllung:
4 Sorten Eiscreme oder Sorbet nach Geschmack, je 350–400 ml (Fertigprodukt), möglichst verschiedenfarbig: z.B. Vanille, Himbeer, Mango, Heidelbeer

Dekoration:
250 g Sahne
Schokoröllchen oder -raspel (Fertigprodukt)

Schwierigkeit:
Für die Sommerparty
Läßt sich vorbereiten
Arbeitszeit: ca. 30 Min.
+ **Backzeit:** ca. 5 Std.
+ **Kühlzeit:** 1–2 Std.

Die Super-Show für Ihre Gäste. In der Hauptrolle: Lauter verlockende, bunt gemischte Eissorten aus Ihrer Lieblings-Eisdiele oder aus dem Supermarkt. Achtung: Baiserböden möglichst schon am Vortag backen, damit sie gut ausgekühlt und trocken sind.

1. Ofen auf 90°–100° vorheizen. Teig wegen der Menge in 2 Portionen zubereiten: Jeweils etwa die Hälfte vom Zucker, Speisestärke und Backpulver mischen. Eiweiße in eine möglichst große, weite Schüssel geben, mit dem elektrischen Handrührgerät steif schlagen. Dann die Zuckermischung ganz langsam dazurieseln lassen, bis der Schnee steife Spitzen bildet und seidig glänzt.

2. Sofort Tortenböden mit Hilfe einer Spritztüte auf Backpapier spritzen. Dabei je 2 Böden auf einem Blech für ca. 2 1/2 Std. backen. Dabei die Ofentür mit einem Kochlöffel einen Spalt breit offen halten. Zwei Bleche gleichzeitig in den Ofen schieben und nach der halben Backzeit die Einschubleisten tauschen. Dabei die Baiser mehr trocknen als backen. Das Baiser ist durchgetrocknet, wenn es sich ganz leicht vom Papier löst und an der Unterseite glatt und kein bißchen klebrig ist.

3. Einen Baiserboden auf eine Tortenplatte legen. Eine Sorte Eiscreme antauen lassen, mit einem Löffel gleichmäßig darauf verteilen. Zweiten Boden darüber legen und die zweite Sorte Eiscreme daraufgeben. Auf diese Weise fortfahren, bis alle Böden und die Eiscremes verbraucht sind.

3. Sahne steif schlagen, wolkig auf dem oberen Baiserboden verteilen. Mit Schokoröllchen bestreuen. Die Torte für ca. 1–2 Std. in das Tiefkühlgerät stellen, bis die Sahne gefroren ist. Mit dem Elektromesser in Stücke schneiden.

TIP!

Wenn's schnell gehen soll: Verwenden Sie fertige Baiserböden (beim Konditor bestellen). Oder backen Sie zwischendurch ein paar Baiserböden für den Vorrat. Sie lassen sich trocken in Dosen und im Tiefkühlgerät aufbewahren.
Noch mehr Pfiff bekommt die Torte, wenn Sie die Baiserböden vor dem Backen mit Mandelblättchen oder Kokos-Chips bestreuen.

Eisberg mit Zuckernebel

Eiscreme:
450 g Crème fraîche
$^1/_2$ l Buttermilch
60 ml Zitronensaft (frisch gepreßt)
220 g Zucker

Fruchtmix-Sauce:
1 große reife Mangofrucht
250 g Aprikosenhälften (Dose, abgetropft)
2–3 EL Orangensaft (frisch gepreßt)
evtl. Zucker

Polarsterne:
1 Grundrezept Mürbeteig (Seite 115)
100 g Sahne zum Bestreichen
100 g Hagelzucker oder fein zerkleinerter weißer Kandis zum Bestreuen

Dekoration:
Frostfrüchte (siehe »Dekorieren«; Seite 117)
150 g ungefüllte Bonbons oder weißer Kandis

Schwierigkeit:
Auch schön als Dessert
Läßt sich vorbereiten
Arbeitszeit: ca. 40 Min.
Gefrierzeit: ca. 10 Std.
Backzeit Kekssterne: ca. 10 Min.

TIP!

In der Aprikosenzeit: Ca. 500 g frische Früchte überbrühen, Haut abziehen, halbieren und entsteinen. Statt Dosenfrüchten verwenden.

Die Eiscreme wird in einem mit Folie ausgelegten Spitzsieb gefrostet. Ersatzweise können Sie aus festerem Karton eine Tüte formen und ebenfalls mit Folie (am besten Alufolie) auskleiden.
Zuckernebel entweder kurz vor dem Servieren zubereiten, denn die Zuckerfäden schmelzen nach einiger Zeit durch die Luftfeuchtigkeit, oder ganzen, mit Zuckernebel garnierten Eisberg im Tiefkühlfach aufbewahren.

1. Crème fraîche, Buttermilch, Zitronensaft und Zucker gründlich verrühren. In einer Schüssel 3–4 Std. vorgefrieren, dabei öfter mit einer Gabel kräftig durchrühren oder mit dem Mixstab aufmixen. (Besonders praktische Methode: Masse in der Rührschüssel der Küchenmaschine zubereiten, mit eingesetztem Messer in den Tiefkühler stellen, zwischendurch einfach durchmixen.)

2. Spitzsieb mit Alufolie möglichst glatt auslegen. Eismasse hineinfüllen, glattstreichen. Das Sieb so in eine schmale, hohe Schüssel stellen, daß es gerade steht. In den Tiefkühler stellen und ca. 7 Std. frosten.

3. Für die Sauce Mango hochkant auf die Arbeitsfläche legen, beidseitig der faserigen Mittelschicht durchschneiden. Fruchtfleisch aus den Mangohälften herauslöffeln, mit Aprikosen und Orangensaft zu einer glatten Sauce mixem, nach Geschmack süßen.

4. Für die Polarsterne Mürbeteig dünn ausrollen, beliebig große Filigransterne ausstechen oder -schneiden, mit Sahne bestreichen, mit Hagel- oder Kandiszucker bestreuen, ca. 10 Min. bei 200° goldgelb backen.

5. Für den Zuckernebel: Ungefüllte Bonbons oder weißen Kandis bei schwacher Hitze in einem kleinen Topf schmelzen lassen. 1 Min. abkühlen lassen. Teigrolle über 2 gleichhohe Töpfe legen, als Unterlage Backpapier. Mit einer Gabel oder einem Schneebesen, von dem man die Bogenenden abgeknipst hat, dünne Zuckerfäden über den freischwebenden Teil der Rolle ziehen bzw. »spinnen«.

6. Eisberg auf eine Servierplatte stürzen und nach Belieben mit Kekssternen, Frostfrüchten und Zuckernebel garnieren. Die Sauce getrennt dazu servieren.

Erdbeer-Kuppel

Eismasse für 1 Kuppelform
oder Schüssel (20 cm Ø):

- 1 kg Erdbeeren
- 160 g Zucker
- 3 EL Himbeergeist (nach Belieben)
- 600 g Sahne
- 18 Mini-Baisers (Fertigprodukt)

Schwierigkeit: ●
Schön als Dessert
Läßt sich vorbereiten
Arbeitszeit: ca. 25 Min.
+ **Kühlzeit:** 4–5 Std.

Beerenstark! Mit dieser Torte können Sie dem feinsten Konditor Konkurrenz machen – und das im Handumdrehen. Und dazu gibt es – um den Fruchtgenuß noch zu erhöhen – eine superaromatische Erdbeersauce.

1. Erdbeeren putzen. Dabei ca. 8 sehr schöne Beeren mit Grün für die Dekoration beiseitelegen. Restliche Beeren kleinschneiden. 1/3 davon mit 3 EL Zucker pürieren, kalt stellen. Die übrigen kleingeschnittenen Beeren mit 2 EL Zucker und dem Himbeergeist (nach Belieben) mischen, ebenfalls kalt stellen.

2. Form mit Klarsichtfolie auskleiden. Die Hälfte der marinierten Erdbeerstücke abtropfen lassen, Saft dabei auffangen. Sahne mit dem restlichen Zucker steif schlagen. 10 der Minibaisers nur grob zerbröckeln und mit den abgetropften Beeren gleichmäßig unter die Sahne heben. Erdbeer-Sahne in die Form füllen, glattstreichen. 4–5 Std. in das Tiefkühlgerät stellen.

3. Erdbeer-Kuppel auf eine Platte stürzen. Klarsichtfolie abziehen. Deko-Erdbeeren längs halbieren und die Torte mit den restlichen Mini-Baisers und den Beerenhälften verzieren. Restliche marinierte Beeren mit dem aufgefangenen Saft und dem Beerenpüree mischen. Als Sauce zur Eistorte servieren.

TIP!

Probieren Sie das gleiche Rezept mit Himbeeren aus. Oder verwenden Sie beide Beerensorten gemischt!
Selbstgemachte Mini-Baisers: Baisermasse nach Grundrezept (S. 115) zubereiten. Kleine Tupfen mit weiter Stern- oder Lochtülle auf Backpapier spritzen, im Ofen backen bzw. trocknen.
Konditor-Trick: Je 2 EL Sahne und Himbeergeist erhitzen, 2 Blatt Gelatine darin auflösen, beim Sahneschlagen zum Schluß langsam zufügen und unterschlagen. Gibt der Eismasse einen besonders soften, zarten Schmelz.

Mozart-Torte

1 dunkler Wiener Tortenboden
(Fertigprodukt, 2 Schichten) oder selbstgebackener Boden (siehe Extra-Tip unten)

150 g Marzipan-Rohmasse

3 EL Sahne

Füllung:

375 g Nougatmasse (Fertigprodukt),

300 g Sahne, 5 EL Rum oder Weinbrand (nach Belieben)

Dekoration:

selbstgespritzte Schokoladen-Noten und -Notenschlüssel (siehe Dekorieren S. 116)

Schwierigkeit:

Schmeckt auch halbgefroren toll

Arbeitszeit: ca. 40 Min.
+ **Kühlzeit:** ca. 30 Min.

1. Eine Schicht Tortenboden auf eine Platte legen. Marzipan grob raspeln, mit Sahne glattrühren. Auf den Boden streichen. Zweiten Boden darauf drücken.

2. Nougat bei schwacher Hitze schmelzen. 20–30 Min. abkühlen lassen. Sahne steif schlagen. Nougat mit $^1/_3$ der Sahne verrühren. Eventuell Rum oder Weinbrand unterrühren. Restliche Sahne unterheben. Nougatsahne auf den Boden streichen, kalt stellen. Vor dem Servieren Torte mit Schoko-Figuren dekorieren.

Boden selber backen:

Für einen ca. 1 $^1/_2$ cm hohen Marzipan-Boden (der ungefüllt verwendet wird) 80 g Marzipan-Rohmasse mit 3 EL Puderzucker, 1 Ei, 1 Eigelb, 2 gehäuften EL Mehl, 1 EL Kakao und 25 g zerlassener Butter vermischen. 1 Eiweiß mit 3 EL Zucker steif schlagen, unterheben. In einer mit Backpapier ausgelegten Springform (24 cm Ø) in ca. 20 Min. backen. Schnelle Deko-Idee: fertige Mozart-Kugeln.

Romantik Torten

Daisy-Torte

Teig für 1 Springform (24 cm Ø) oder Herzform:
- abgeriebene Schale von 1 unbehandelten großen Orange oder 1 Päckchen Orangenzucker
- 5 EL Orangensaft
- 5 EL Orangenlikör, ersatzweise: Orangensaft
- 100 g Butter
- 200 g Blockschokolade
- 4 Eier (M)
- 120 g Zucker
- 1 TL Vanillezucker
- 60 g Mehl
- Fett und Biskuit- oder Semmelbrösel für die Form

Füllung:
- 200 g Doppelrahm-Frischkäse oder Mascarpone
- 200 g Orangenkonfitüre
- 1–2 EL Zucker (nach Geschmack)
- 300 g Sahne

Dekoration:
- 2–3 EL Orangenkonfitüre
- 4–5 Kumquats (Zwergorangen)
- frische Blüten (siehe Tip)

Schwierigkeit: 🍒

Schön zum Verschenken

Fürs Party-Buffet

Arbeitszeit: ca. 40 Min.
+ **Backzeit:** ca. 45 Min.

Frische Blumen sind die schönste, schnellste Dekoration für eine Torte im romantischen Stil. Wählen Sie je nach Jahreszeit Gänseblümchen, Veilchen, Stiefmütterchen, Rosen, Ringelblumen, Geranien, Malven ... Es gibt mehr eßbare, tortentaugliche Blüten, als Sie vielleicht denken.

1. Orangenschale oder Orangenzucker mit Saft und Likör in einem Töpfchen einkochen lassen, bis nur noch 2–3 EL Flüssigkeit übrig sind. Die Essenz abkühlen lassen.

2. Ofen auf 175° vorheizen. Butter in einem Töpfchen bei ganz schwacher Hitze zerlassen, vom Herd ziehen. Schokolade grob hacken und darin schmelzen. Eier mit Zucker und Vanillezucker hell und dickschaumig schlagen. Orangenmischung, Schokoladenbutter und Mehl nach und nach untermischen.

3. Form einfetten und mit Bröseln ausstreuen. Teig hineingeben und glattstreichen. Auf der unteren Schiene in den Ofen schieben und ca. 45 Min. backen (Stäbchenprobe machen, S. 114). In der Form abkühlen lassen. Torte aus der Form lösen. Einmal horizontal durchschneiden.

4. Für die Füllung Frischkäse oder Mascarpone mit Orangenkonfitüre und Zucker nach Geschmack cremig rühren. Sahne steif schlagen, portionsweise unterheben. Die Tortenböden damit bestreichen und zusammensetzen. Die Oberfläche mit erwärmter Orangenkonfitüre bestreichen. Mit in Scheiben geschnittenen Kumquats und frischen Blüten dekorieren.

TIP!

Als Tortendekoration nur garantiert ungespritzte Blumen und Blüten verwenden. Am besten, sie stammen vom eigenen Balkon oder Garten. Außer den obengenannten eignen sich auch Primeln, Flieder, Fresien, Wicken, Nelken, Kapuzinerkresse- und Kleeblüten, Jasmin, Mohnblüten, alle Kräuter- und Obstbaumblüten und natürlich Lavendel.

Die Torte wirkt im Miniformat besonders hübsch: Backen sie zwei kleine Torten aus der angegebenen Zutatenmenge (einen Boden eventuell einfrieren).

Wirkt besonders fröhlich und festlich: Die Tortenoberfläche ganz mit Blüten dekorieren, dafür die Früchte weglassen. Besonders Stiefmütterchen, die man eventuell am Blütenrand leicht verzuckert (siehe Dekorieren wie ein Profi, S. 116), eignen sich gut dafür.

Himbeer-Praliné

1 heller Wiener Tortenboden
(Fertigprodukt, 3 Schichten)
oder selbstgebackener Boden
(siehe rechte Spalte)

Dekoration:
200 g weiße Schokolade
40 ml Golden Syrup oder Ahornsirup (2 große EL)

Füllung und Belag:
750 g Himbeeren (frisch oder tiefgekühlt)
2 EL Zucker
2 TL Zitronensaft
1 EL Puderzucker oder mehr nach Belieben

Schwierigkeit: Exklusiv
Arbeitszeit: ca. 50 Min.
Ruhezeit: 30–40 Min.

TIP!

Golden Syrup (hellen Zuckerrohrsirup aus England) bekommen Sie im Feinkostgeschäft oder in Warenhäusern.
Für Eilige: Statt Schokomanschette etwas mehr Himbeerfüllung zubereiten, Tortenrand damit bestreichen. Weiße Schokoraspel, Mandelblättchen oder auch Himbeerstrauchblätter rundherum andrücken.
Weiße Schokolade nur bei schwacher Hitze schmelzen lassen, sonst wird sie bröckelig!
Schmeckt toll dazu: eiskalte geschlagene Sahne.

1. Für die Schokomanschette weiße Schokolade hacken, mit dem Sirup in einem kleinen Topf vermischen und unter Rühren schmelzen. Zugedeckt bei Zimmertemperatur 30–40 Min. stehen lassen.

2. Für die Füllung frische Himbeeren möglichst nicht waschen, tiefgekühlte nur kurz antauen lassen. 300 g sehr schöne Beeren für den Belag beiseite stellen. Restliche Beeren mit dem Zucker und Zitronensaft pürieren, durch ein Sieb streichen. Tortenboden-Schichten jeweils mit 1/3 der Himbeerfüllung bestreichen, aufeinandersetzen. Die Oberfläche dicht an dicht mit Himbeeren belegen.

3. Für die Deko die weiße Schokoladenmasse mit den Händen geschmeidig kneten und portionsweise zu fingerdicken Rollen formen. Zwischen 2 Lagen Folie (z.B. aufgeschnittener Gefrierbeutel) sehr dünn zu einem breiten Band ausrollen **(Step 1)**.

4. Folie entfernen. Schokoband mit Hilfe eines großen Messers an den Rand der Torte drücken. Vorgang so oft wiederholen, bis die Torte rundherum von einer Schokomanschette umgeben ist **(Step 2)**. Torte bis zum Servieren kühlen. 15 Min. vorher aus dem Kühlschrank nehmen, damit sich das Aroma entfalten kann. Mit Puderzucker bestäuben.

Boden selber backen:

Teig für 2 Springformen (je 24 cm Ø, für 2/3 und 1/3 des Teiges):
350 g weiße Schokolade
30 g Butter • 6 Eier (L)
100 g Zucker • 4 Eigelbe (L)
50 g Mehl • Fett für die Formen
Arbeitszeit: ca. 30 Min.
+ **Backzeit:** 2 x ca. 30 Min.

1. Formen einfetten und mehlen. Ofen auf 160° vorheizen. Schokolade hacken, mit Butter (schwache Hitze!) schmelzen. Eier trennen. Eiweiße mit 1/3 des Zuckers steif schlagen.

2. Die 10 Eigelbe mit dem restlichen Zucker hell und dickschaumig schlagen. Schoko-Butter kurz unter die Eicreme rühren. Mehl darüber sieben und abwechselnd mit Eischnee unterheben. 1/3 und 2/3 Teig in den Formen glattstreichen. 25–30 Min. backen. Gut auskühlen lassen. Höheren Boden halbieren.

1

2

Abendrot-Torte

1 Schicht heller Wiener Boden (Fertigprodukt) oder selbstgebackener Boden (siehe rechte Spalte)

Rote und rosa Fruchtmousse:

- je 4 Blatt rote und weiße Gelatine
- 200 g Himbeeren (frisch oder tiefgekühlt)
- 80 g Zucker
- 150 ml schwarzer Johannisbeersaft
- 200 g Sahne
- 6 Eiweiße (M)

Fruchtgelee:

- 3 Blatt rote Gelatine
- 1/8 l schwarzer Johannisbeersaft

Dekoration:

- frische Minzeblättchen

Schwierigkeit: ●●

Läßt sich vorbereiten

Fürs Party-Buffet

Arbeitszeit: ca. 45 Min.
+ **Kühlzeit:** ca. 4 Std.

TIP!

Die Torte ist ohne Geleeüberzug gut zum Einfrieren geeignet. Das Gelee vor dem Servieren auf die angetaute Torte gießen. So wird es blitzschnell fest.

Leicht wie Schäfchenwolken und schön wie der Abendhimmel: rosa bis purpurfarbene Schichten Fruchtmousse und Fruchtgelee, die auf der Zunge zergehen.

1. Tortenboden in eine genau passende, mit Klarsichtfolie ausgekleidete Springform legen (oder: Tortenboden passend schneiden bzw. mit einem verstellbaren Tortenring und Alufolie umlegen). Gelatine getrennt jeweils kalt einweichen. Himbeeren mit der Hälfte des Zuckers pürieren, durch ein Sieb streichen. Das Fruchtpüree leicht erwärmen, rote Gelatine darin auflösen. Johannisbeersaft ebenfalls leicht erwärmen, weiße Gelatine darin auflösen. Beide Gelees kalt stellen, bis sie leicht dicklich sind.

2. Sahne steif schlagen. Eiweiße mit restlichem Zucker zu Schnee schlagen. Je die Hälfte Sahne und Eiweiß unter die beiden Fruchtgelees heben. Erst Johannisbeer-Mousse, dann Himbeermousse auf dem Tortenboden verteilen und jeweils glattstreichen. Torte 2–3 Std. kalt stellen.

3. Für den Fruchtgelee-Überzug rote Gelatine kalt einweichen. Saft mit 1/8 l Wasser mischen, erwärmen. Gelatine darin auflösen. Abgekühlt mit einem Löffel auf der Torte verteilen. Vor dem Servieren noch mindestens 1 Std. kalt stellen. Aus der Form lösen und mit Minze garnieren.

Boden selber backen:

Teig für 1 Springform (24 cm Ø):

- 100 g geschälte Mandeln, Mandelstifte oder gehackte Mandeln
- 100 g Zucker
- 3 Eiweiße (M)
- Fett für die Form

Arbeitszeit: 10 Min.
+ **Backzeit:** 30 Min.

1. Ofen auf 175° vorheizen. Mandeln und Zucker zusammen im Blitzhacker staubfein mahlen. Eiweiße steif schlagen, Mandelzucker unterheben.

2. Die Form überall sorgfältig ausfetten. Oder Boden mit Backpapier auslegen. Den Teig einfüllen und in der Form ca. 30 Min. backen. Stäbchenprobe (S. 114) machen. Auskühlen lassen.

Gartenparty-Torte

Teig für 1 Spring- oder Pieform (24–26 cm Ø):

400 g Marzipan-Rohmasse

3 Eier (M)

1–2 EL Zucker

Fett und Biskuit- oder Semmelbrösel für die Form

ca. 150–200 g geputzte Beeren, z.B. Johannisbeeren, Erdbeeren, Himbeeren, Heidelbeeren (im Winter schmecken auch Früchte aus TK-Truhe oder Dose)

Dekoration:

weitere 150–200 g Beeren (evtl. an der Rispe oder mit Grün)

einige Beerenstrauchblätter

Puderzucker zum Bestäuben

Schwierigkeit:

Gelingt auch Anfängern

Preiswert

Fürs Party-Buffet

Arbeitszeit: ca. 20 Min.

+ **Backzeit:** ca. 50 Min.

Die Blitz-Torte für jedes Sommerfest. Backen Sie gleich mehrere davon und arrangieren Sie die Kuchen auf verschieden hohem Untersatz auf dem Party-Buffet. Mit pflückfrischen Beeren und Blättern vom Beerenstrauch dekorieren – einfach und perfekt!

1. Ofen auf 175° vorheizen. Marzipan auf der groben Küchenreibe in eine Schüssel raspeln. Eier und Zucker nach und nach unterrühren. Dabei nur immer nur so lange rühren, bis der Teig wieder glatt ist – zu lange gerührter Teig wird beim Backen zäh statt locker.

2. Form einfetten und mit Bröseln ausstreuen. Teig darin glattstreichen, mit geputzten Beeren bestreuen. Ca. 50 Min. backen (Stäbchenprobe machen, siehe S. 114). Die Beeren sinken dabei in den Teig ein.

3. Torte in der Form auf ein Kuchengitter stellen und gut abkühlen lassen. Kurz vor dem Servieren üppig mit frischen Beeren und eventuell Blättern dekorieren. Alles leicht und duftig mit Puderzucker bestäuben.

TIP!

Servieren Sie die Torte gleich in der Form – paßt prima zu einem Buffet im Landhaus-Stil.

Eine Schüssel mit Eiscreme-Sahne schmeckt super dazu. Einfach die gleiche Menge geschlagene Sahne und gewürfeltes Vanille-Eis mischen. Oder jedes Stück einfach nur mit einer Kugel Vanilleeis und einigen Extra-Beeren servieren.

Für eine gefüllte Torte: Zwei Torten backen. Kurz vor dem Servieren Vanille-Eis-Sahne (siehe oben) auf einer Torte verteilen, zweite daraufsetzen, dekorieren. Auch eine frisch geschlagene mit Mandelblättchen und Beeren vermischte Sahne schmeckt als Füllung toll.

Für Marzipan-Fans: 200 g Marzipan-Rohmasse grob raspeln, mit 3–4 EL Orangensaft oder -likör cremig rühren, abgekühlte Torte damit bestreichen, darauf die frischen Beeren verteilen. Besonders lecker mit Erdbeeren!

Sonnenstrahl-Torte

Für die Sonnenstrahlen:
3–4 Platten Blätterteig (tiefgekühlt, möglichst rechteckig)
Eigelb zum Bestreichen

Tortenboden:
Zutaten für 1 Springform (20–22 cm Ø):
150 g Butterkekse
50 g Amaretti oder Amarettini (italienische Mandelkekse)
100 g weiche Butter

Belag:
3 Blatt weiße Gelatine
400 g Quark, Ricotta oder Mascarpone
4 EL Zucker
2 EL Orangenlikör oder -saft
100 g Sahne
ca. 600 g reife Aprikosen oder Aprikosenhälften aus der Dose
2 EL Aprikosen- oder Orangenkonfitüre

Schwierigkeit:
Läßt sich vorbereiten
Für Kinder- und Sommerpartys
Arbeitszeit: ca. 40 Min.
+ **Backzeit:** ca. 15 Min.

Mit dieser süßen Sonne können Sie auch trübe Tage genießerisch aufhellen: Knuspriger Keksboden mit Quarkcreme und Aprikosen sind ein echter Lichtblick – und mit den schnell geschnittenen Strahlen aus fertigem Blätterteig ist die Torte ruck-zuck auf dem Tisch!

1. Ofen auf 200° vorheizen. Blätterteigplatten in ca. 21 strahlenförmige, schmale, lange Dreiecke schneiden, auf ein Blech mit Backpapier legen. Eigelb mit etwas Wasser verquirlen, Teig damit bestreichen. Die »Sonnenstrahlen« in ca. 15 Min. goldgelb und knusprig backen.

2. Inzwischen beide Sorten Kekse im Blitzhacker fein zerkleinern. Mit der Butter vermischen und auf dem Boden der Form flachdrücken.

3. Gelatine kalt einweichen. Quark, Ricotta oder Mascarpone mit dem Zucker verrühren. Orangenlikör oder -saft erhitzen, Gelatine darin auflösen. Etwas Ricotta unter die Gelatine rühren. Dann mit der restlichen Quarkmasse mischen. Sahne steif schlagen und nach und nach unterheben. Creme auf dem Tortenboden verteilen, glattstreichen. Aprikosen halbieren, entsteinen, jede Hälfte längs in drei Spalten schneiden. Die Fruchtspalten dicht an dicht in die Ricottacreme stecken. Den belegten Boden kühl stellen.

4. Vor dem Servieren Konfitüre leicht erwärmen. Aprikosen damit bestreichen, damit sie glänzen. Springformrand lösen. Torte auf eine große Platte setzen. Die Sonnenstrahlen rundherum »ansetzen«.

TIP!

Wer nicht so auf Aprikosen steht: Auch gelbe Melonenbällchen – mit einem Kugelausstecher geformt – machen sich gut.
Und so wird aus der Sonnenstrahl- eine Sonnenblumen-Torte: Aus dem Blätterteig viele schmale Blätter ausschneiden, backen und um den Tortenrand legen. Wer mag, kann zwischen die Aprikosen noch geröstete Sonnenblumenkerne streuen.

Früchtetorte »Schneekönigin«

2 helle Wiener Tortenböden
(Fertigprodukt, je 3 Schichten)
oder selbstgebackene Böden
(siehe rechte Spalte)

Füllung:

250 g Sahne

3 EL Orangenlikör oder abgeriebene Schale von
1 unbehandelten Orange

50 g Mandelblättchen

Glasur:

400 g Zucker

2 Eiweiße (M)

Belag:

ca. 500 g frische Beeren oder Früchte der Saison, z. B. Johannisbeeren, Himbeeren, Brombeeren, Kapstachelbeeren, Weintrauben

einige Beerenstrauch- oder Minzeblätter

2 Eiweiße (M)

150 g Zucker

Schwierigkeit: 🍒🍒

Läßt sich vorbereiten

Fürs Party-Buffet

Arbeitszeit: ca. 45 Min.
+ **Trockenzeit:** 1–2 Std.

TIP!

Wer eine Etagenbackform hat, kann die Torte mit selbstgebackenem Biskuitboden zubereiten (Grundrezept S. 115). Die Etagen trennen, jeweils in zwei Schichten teilen. Wie oben beschrieben füllen, glasieren und verzieren.
Für Eilige: Statt Baiser-Glasur 500 g Sahne steif schlagen und dabei 2 Blatt in etwas heißem Mandel- oder Orangenlikör aufgelöste Gelatine unterschlagen. Torte damit überziehen.

Zaubert Winterstimmung auf die Kaffeetafel: zarter Mandelbiskuit überzogen mit einer märchenhaft weißen, seidig glänzenden Schneedecke. Verzuckerte Früchte machen den edlen Frost-Look perfekt.

1. Drei Tortenbodenschichten mit Hilfe einer Schablone auf ca. 16 cm Ø zurechtschneiden. Die anderen drei Schichten unverändert lassen. Für die Füllung Sahne steif schlagen, zum Schluß Likör oder Orangenschale unterschlagen. Mandelblättchen unterheben.

2. Tortenboden-Schichten gleicher Größe mit Mandelsahne zusammensetzen. Auf dem obersten Boden der größeren Torte etwas Mandelcreme verstreichen, kleine Torte darauf setzen.

3. Für die Glasur Zucker mit 8 EL Wasser ca. 20 Min. kochen. Zur Probe einen Tropfen des Zuckersirups auf einen Teller geben: Er soll eine geleeartige Kugel bilden. Eiweiße steif schlagen. Möglichst tropfenweise oder in feinem Strahl den heißen Zuckersirup zufügen. Dabei ständig weiterschlagen. Beide Torten-Stockwerke dick und wolkig mit Glasur überziehen.

4. Früchte und Blätter eventuell waschen, sehr gut trockentupfen. Eiweiße leicht verschlagen. Früchte und Blätter dünn damit bepinseln, in Zucker wälzen. Auf einem Kuchengitter 1–2 Std. trocknen lassen. Vor dem Servieren verzuckerte Früchte und Blätter dekorativ auf der Torte verteilen.

Böden selber backen:

Teig für 2 Springformen
(24 und 16 cm Ø):

8 Eier (M)

200 g Zucker

270 g Mehl

110 g gemahlene Mandeln

abgeriebene Schale von
1 unbehandelten Zitrone

Salz

Arbeitszeit: ca. 30 Min.
+ **Backzeit:** 30 Min. + 20–25 Min.

1. Boden der Formen mit Backpapier auslegen. Ofen auf 180° vorheizen. Für den großen Tortenboden 6 Eier trennen. Eigelbe mit 150 g Zucker hell und dickcremig schlagen. 180 g Mehl, 80 g Mandeln und $^2/_3$ der Zitronenschale mischen. Eiweiße mit 1 Prise Salz steif schlagen. Mit der Mehlmischung zur Eigelbcreme geben und beides unterheben. In die Form füllen und ca. 30 Min. backen (Stäbchenprobe machen, S. 114).

2. Kleinen Boden aus den restlichen Zutaten genauso zubereiten. Manschette aus doppelt gefalteter Alufolie (ca. 7 cm hoch) innen am Formrand aufstellen, damit der Teig höher aufgehen kann. Teig energiesparend 20–25 Min. zusammen mit dem großen Boden backen (Stäbchenprobe machen). Tortenböden gut abkühlen lassen. Beide Böden horizontal zweimal durchschneiden.

Granada-Torte

Teig für 1 Springform
(24 cm Ø):
6 Eier (M)
150 g Zucker
200 g weiche Butter
125 g Marzipan-Rohmasse
ausgeschabtes Mark von
1 Vanilleschote oder 1 Tütchen Bourbon-Vanillezucker
2 EL Sherry (cream oder medium/amontillado), ersatzweise: 2 EL Orangensaft
1 Döschen Safran (ca. 0,1 g)
70 g Mehl
2 EL Speisestärke
100 g gehackte Mandeln
Fett und Mandelblättchen für die Form und zum Bestreuen

Füllung:
2 Granatäpfel
6 Blatt rote Gelatine
4 EL Zucker

Dekoration:
Puderzucker zum Bestäuben

Schwierigkeit: 2 von 3
Läßt sich vorbereiten
Ohne Füllung zum Einfrieren geeignet
Arbeitszeit: ca. 1 1/2 Std.
+ **Backzeit:** ca. 1 Std.

In den Farben Spaniens: Süßwürziger lockerer Vanille-Boden und fruchtig-kühles Granatapfelgelee. Wenn Toreros Torte essen, dann muß es diese sein!

1. Ofen auf 190° vorheizen. Eier trennen. Eigelbe und die Hälfte des Zuckers hellschaumig rühren. Butter und Marzipan glattrühren. Dazu Marzipan vorher grob raspeln oder in kleine Würfel schneiden. Mit dem Vanillemark oder -zucker und dem in Sherry oder Saft aufgelösten Safran zur Eiercreme geben und gut verrühren. Eiweiße mit restlichem Zucker steifschlagen. Mehl, Stärke und Mandeln mischen. Beides lagenweise auf die Marzipancreme schichten, unterheben.

2. Form einfetten, mit Mandelblättchen ausstreuen. Teig einfüllen, mit Mandelblättchen bestreuen. Ca. 1 Std. backen. (Stäbchenprobe machen, S. 114.) Die Ofentür in den ersten 15 Min. mit einem Kochlöffel einen Spaltbreit offenhalten. Im geschlossenen Ofen fertigbacken. Falls die Mandeln anfangen dunkel zu werden, Alufolie auflegen. Boden sehr gut auskühlen lassen.

3. Für die Füllung Granatäpfel halbieren. Zwei Hälften mit einer Zitruspresse auspressen. Den Saft mit Wasser auf 300 ml auffüllen. Gelatine darin einweichen. Aus den beiden anderen Fruchthälften die Kerne herauslöffeln. Möglichst alle braunen Häutchen entfernen. Zucker in die Saftmischung geben, erhitzen, bis alles gut gelöst ist. Abkühlen lassen. Sobald der Saft etwas geliert, die Granatapfelkerne untermischen. Eine Springform (24 cm Ø) mit Klarsichtfolie auslegen, Gelee hineinfüllen und im Kühlschrank fest werden lassen.

4. Vor dem Servieren Tortenboden einmal horizontal durchschneiden, Geleeboden auf den unteren Boden legen, oberen darauf setzen und leicht andrücken. Mit Puderzucker bestäuben.

TIP!

Wenn's noch schneller gehen soll: Torte ohne Füllung zubereiten, dafür die Mandeln im Teig gegen gehackte Schokolade austauschen. Vor dem Servieren mit Granatapfelkernen bestreuen.
Wenn Sie keine reifen, aromatischen Granatäpfel bekommen können: Gelee mit 150 ml Wasser und soviel Grenadine (Granatapfelsirup) zubereiten, daß eine schöne Farbe entsteht und das Gelee gut schmeckt. 200 g kleingeschnittene Erdbeeren unterheben.

Candlelight-Torte

Teig für 1 Springform (28–30 cm Ø):
5 Eier (M)
250 g weiche Butter
120 g Zucker
1 Prise Salz
230 g Mehl
3 TL Backpulver
150 g Crème fraîche
3–6 EL Amaretto (Mandellikör) (nach Belieben)
Fett und Mandelblättchen für die Form
Mandelbaiser:
5 Eiweiße (M)
150 g Zucker
75 g gemahlene Mandeln
75 g Mandelblättchen
Dekoration:
Ca. 10 Teelichter in Metallhüllen
Hülsenfrüchte zum Beschweren
Füllung:
200 g Sahne
1/2 Päckchen Vanillezucker
ca. 300 g frische Beeren (z.B. Johannis- oder Himbeeren)
Schwierigkeit: 2 von 3
Fürs Party-Buffet
Auch schön als Dessert (zum Candlelight-Dinner »für viele«)
Arbeitszeit: ca. 40 Min. + **Backzeit:** 70–80 Min.

TIP!

Die Torte schmeckt auch ohne Füllung gut. Evtl. leicht gezuckerte Beeren dazu servieren. Extra-Deko für Verspielte: Etwas von der Baisermasse (ohne Mandeln) zurückbehalten. Lange Stäbchen auf Backpapier spritzen und in den letzten 30 Min. mitbacken. Ein Ende mit roter Zuckerglasur (Fertigprodukt) färben und die »Baiser-Streichhölzer« zur Torte legen.

Romantischer geht's nicht: flackerndes Kerzenlicht auf einer zarten, leichten Mandeltorte. Am schönsten wirkt es, wenn man sie zur Dämmerstunde serviert.

1. Ofen auf 180° vorheizen. Eier trennen. Butter schaumig rühren. Eigelbe, Zucker und Salz nach und nach unterrühren. Mehl mit Backpulver mischen, abwechselnd mit Crème fraîche und Amaretto unterrühren.

2. Form eventuell einfetten, Boden mit Backpapier belegen (so kann das Papier beim Teigeinfüllen nicht verrutschen). Rand mit Mandelblättchen bestreuen. Teig hineinfüllen und glattstreichen.

3. Für das Baiser Eiweiße mit dem Zucker steif schlagen. Gemahlene Mandeln unterheben. Mandelschnee auf dem Teig in der Form verteilen. Auf der untersten Schiene in den Ofen schieben, 20 Min. backen. Ofen auf 120° zurückschalten.

4. Torte aus dem Ofen nehmen. Ca. 10 Teelichthüllen dekorativ verteilt leicht in die Baiserschicht drücken und mit Hülsenfrüchten zum Beschweren füllen. Baiser mit Mandelblättchen bestreuen. Torte weitere 50 bis 60 Min. backen. Dann gut abkühlen lassen.

5. Torte horizontal in der Mitte der unteren Teigschicht durchschneiden. Dazu die Torte mit einem spitzen Messer einritzen **(Step 1)**. Bindfaden in die Rille legen, überkreuzen und anziehen **(Step 2)**.

6. Sahne mit Vanillezucker steif schlagen. Beeren unterheben, auf dem unteren Tortenboden verteilen. Oberen Boden darauf setzen. Hülsenfrüchte entfernen und Teelichter in die Schälchen setzen. Bis zum Servieren kühl stellen.

1

2

Rote-Grütze-Torte

1 dunkler Wiener Boden
(Fertigprodukt, 2 Schichten) oder selbstgebackener Boden (siehe rechte Spalte)

Für die rote Grütze:

500 g gemischte rote Beeren und Kirschen (ersatzweise: TK-Beeren, Kirschen aus dem Glas)

60 g Zucker

1 Päckchen Vanillezucker

1 gehäufter TL Agar-Agar (Reformhaus oder Naturkostladen)

$^1/_8$ l roter Fruchtsaft (nach Belieben)

1–2 EL Himbeergeist (nach Belieben)

Außerdem:

250 g Sahne oder Crème fraîche

2 EL Zucker

50 g Mandelblättchen für den Rand

einige besonders schöne Früchte zum Garnieren

Minzeblättchen

Schwierigkeit: ●

Auch schön als Dessert

Läßt sich vorbereiten

Arbeitszeit: ca. 1 Std.
+ **Kühlzeit:** 3–4 Std.

TIP!

Agar-Agar ist ein pflanzliches Geliermittel aus dem Reformhaus mit besonders fruchtigem Geschmack. Sie können es auch für andere Torten anstelle von Gelatine verwenden: 4 Blatt Gelatine entspechen $^1/_2$ TL Agar-Agar. Wichtig: Im Gegensatz zu Gelatine, die in warmer Flüssigkeit nur aufgelöst wird, muß Agar-Agar 2 Min. mitgekocht werden, um richtig zu gelieren.

Perfekt wie vom Konditor: Durch einen einfachen Trick wird die Früchteschicht ganz gleichmäßig glatt und schön.

1. Beeren putzen, Kirschen entsteinen. Tiefkühl-Beeren antauen, Kirschen aus dem Glas gut abtropfen lassen. Früchte mit $^1/_8$ l Wasser, Zucker und Vanillezucker in einem Topf aufkochen. Agar-Agar mit $^1/_8$ l Wasser oder Fruchtsaft verquirlen, zu den Früchten geben und 2 Min. kochen lassen. Nach Geschmack Himbeergeist untermischen. Grütze etwas abkühlen lassen.

2. Springform von der Größe der Tortenböden mit Klarsichtfolie auskleiden (eventuell Böden passend schneiden). Grütze hineinfüllen, zum Festwerden abgedeckt 3–4 Std. in den Kühlschrank stellen.

3. Sahne oder Crème fraîche mit dem Zucker steif schlagen bzw. cremig aufschlagen. Eine Schicht Tortenboden dünn damit bestreichen, zweite Schicht daraufsetzen. Tortenboden auf die Rote Grütze in die Form legen und etwas andrücken. Vor dem Servieren Torte »umgekehrt« auf eine Platte stürzen, so daß die Beerengrütze nach oben kommt. Den Rand der Form abnehmen, Folie abziehen.

4. Mandelblättchen in einer Pfanne ohne Fett anrösten. Rand des Tortenbodens mit etwas Sahne bestreichen. Mandelblättchen andrücken. Torte mit frischen Früchten und Minzeblättchen garnieren. Eventuell restliche Sahne zur Torte servieren.

Boden selber backen:

Teig für 1 Springform (24 cm Ø):

100 g dunkle Schokolade

100 g Butter

2 Eier (M)

80 g Zucker

60 g Kokosraspel

60 g Mehl

$^1/_2$ TL Backpulver

Fett und Kokosraspeln für die Form

Arbeitszeit: ca. 20 Min.
+ **Backzeit:** ca. 25 Min.

1. Ofen auf 200° vorheizen. Schokolade reiben. Butter zerlassen und Schokolade darin schmelzen lassen. Eier und Zucker hell und dickschaumig schlagen. Schokomasse unterrühren. Kokosraspel, Mehl und Backpulver mischen und unterheben.

2. Teig in die gefettete, mit Kokosraspeln ausgestreute Form füllen. Auf der unteren Schiene im Ofen ca. 25 Min. backen. Stäbchenprobe machen (S. 114). Springformrand abnehmen, Tortenboden auskühlen lassen, einmal horizontal durchschneiden.

Torte »Apfelernte«

1 dunkler Wiener Tortenboden
(Fertigprodukt, 3 Schichten)
oder selbstgebackener Boden
(siehe rechte Spalte)

Füllung:
250 g Sahnequark oder Mascarpone
500 g Apfelmus
80 g Zucker
250 g Sahne
100 g Schokoflöckchen (Fertigprodukt – oder selbstgehackte Schokolade)
1–2 EL Calvados (Apfelschnaps) zum Beträufeln (nach Belieben)

Dekoration:
2–3 aromatische Äpfel, z. B. Cox Orange, Elstar
4 EL Zitronensaft
2–3 EL Puderzucker
1 EL Kakao

Schwierigkeit: 🍒
Auch gut als Dessert
Preiswert
Zubereitung: ca. 45 Min.

TIP!

Schmeckt auch toll mit Birnen: Torte in Birnenform ausschneiden. Apfelmus durch reife rohe oder Kompottbirnen (jeweils grob püriert) ersetzen. Mit Birnenscheiben dekorieren.
Wenn die Torte nicht am selben Tag serviert und aufgegessen wird, sollte die Creme leicht gefestigt werden: 4 Gelatine kalt einweichen. Ausdrücken und in 2–3 EL erwärmtem Apfelmus auflösen. Unter die Quarkcreme rühren, Sahne unterheben.
Außerdem dann als schützende Schicht flüssige, weiße Tortenglasur (1 Päckchen) darübergießen.
Sieht super aus: Apfelscheiben mit 1 EL gehackten Pistazien bestreuen.

Die schnellste Apfeltorte, die Sie je gebacken haben: Braucht kaum mehr Zeit, als es dauert, den Kaffee zu kochen und den Tisch zu decken. Für Überraschungsgäste ideal!

1. Aus einer Schicht Tortenboden mit Hilfe der Apfel-Schablone (ganz vorne im Buch, mit Kopierer vergrößern) 1–2 Apfelbaum-Blätter (ca. 10 cm groß) und einen Apfelstiel ausschneiden **(Step 1).** Die beiden anderen Schichten apfelförmig zuschneiden **(Step 2).**

2. Sahnequark oder Mascarpone, Apfelmus und Zucker verrühren. Sahne steif schlagen. Ca. 1/3 der Sahne unter die Quarkcreme heben. Restliche Sahne mit den Schokoflocken locker vermischen. Eine Schicht Tortenboden nach Belieben mit Calvados beträufeln, die Hälfte der Apfelmussahne und die Schokoflöckchen-Sahne darauf verteilen. Zweiten Boden (nach Belieben beträufelt) darüber legen, mit der restlichen Apfelmussahne bedecken.

3. Für die Dekoration Kernhaus der Äpfel mit einem Apfel-Ausstecher entfernen. Die Äpfel (eventuell mit einer Aufschnittmaschine oder einem verstellbaren Gemüsehobel) horizontal in 4–5 mm dicke Scheiben schneiden. Sofort in Zitronensaft wenden. Dekorativ auf der Torte verteilen. Ausgeschnittene Tortenboden-Blätter mit Puderzucker bestäuben. Wer ganz perfekt sein will, legt vorher dünne Papierstreifen in Blattrippenform auf die »Blätter«. Stiel mit Kakao bestreuen und mit den Blättern zur Torte legen.

Boden selber backen:

Teig für 1 Fettpfanne:
2 mal Grundrezept Heller Sandteigboden, S. 114, zusätzlich: 3 EL Kakao
Arbeitszeit: ca. 20 Min.
+ **Backzeit:** ca. 45 Min.

1. Boden nach Grundrezept zubereiten. Zusätzlich Kakao unterheben. In einer Fettpfanne wie angegeben backen. Stäbchenprobe machen (S. 114). Auskühlen lassen.

2. Mit Hilfe der Apfel-Schablone (siehe mittlere Spalte, Schritt 1) zwei apfelförmige Böden, Blätter und Stiel aus der Teigplatte ausschneiden.

1

2

Gute-Laune-Torte

Teig für 1 Springform (20 cm Ø):
ca. 300 g Kirschen (frisch, tiefgekühlt oder aus dem Glas)
140 g geschälte Mandeln (für Eilige: fertig gemahlene Mandeln)
250 g Mehl
2 TL Backpulver
1 Prise Salz
120 g Zucker
140 g Butter
2 Eier (M)
1/8 l Milch
Fett für die Form

Überzug und Dekoration:
250 g Sahne
1 Päckchen Sahnesteif
je 2 EL Kirschwasser und Zucker (nach Belieben)
ca. 250 g Kirschen (frisch oder kandiert)
einige Holzspießchen oder Zahnstocher

Schwierigkeit: 🍒
Ohne Sahne und Dekoration zum Einfrieren geeignet
Preiswert
Arbeitszeit: ca. 45 Min.
+ **Backzeit:** ca. 1 Std. 10 Min.

Mit lustigen Kirsch-»Pünktchen« drin und drauf – sorgt für gute Stimmung beim Backen, beim Dekorieren und beim Essen erst recht!

1. Die Kirschen gegebenenfalls entsteinen. Tiefgekühlte Kirschen kurz antauen. Kirschen aus dem Glas gut abtropfen lassen. Form einfetten, Boden mit Backpapier belegen. Ofen auf 180° vorheizen. Mandeln in einer Pfanne ohne Fett rösten, bis sie aromatisch duften. Kurz abkühlen lassen. Im Blitzhacker fein mahlen.

2. Mehl, Backpulver, Salz, Mandeln und Zucker mischen. Butter auf der Küchenreibe dazuraspeln, untermischen. Eier und Milch unterrühren. Zum Schluß die Kirschen unterheben. Form mit Backpapier auslegen. Teig in die Form füllen, ca. 1 Std. 10 Min. backen (Stäbchenprobe machen, S. 114). Auf einem Kuchengitter auskühlen lassen.

3. Sahne steif schlagen. Sahnesteif und nach Belieben Kirschwasser und Zucker zufügen. Torte mit Sahne überziehen. Kirschen gleichmäßig im »Pünktchenmuster« darauf verteilen. Einige Kirschen auf kurze Holzspießchen oder halbierte Zahnstocher stecken und über den Kuchenrand verteilt durch die Sahne in den Teig pieksen. Torte bis zum Servieren kühl stellen.

TIP!

Aufgetaute oder abgetropfte Kirschen eventuell in feingeriebenen Mandeln wenden, damit sie sich besser im Teig verteilen und nicht nach unten sinken.
Variation: Torte vor dem Backen mit Mandelblättchen bestreuen. Sahne-Überzug weglassen, dafür frische Kirschen am Stiel büschelweise rund um die Torte verteilen.
Für eine Torte im Edel-Look: Kirschen mit Stiel (auch diesen) in Schokomasse tauchen – dafür gleiche Menge Kuvertüre und Schoko-Fettglasur im Wasserbad zusammen schmelzen (je etwa 100 g). Auf Backpapier trocknen lassen. Torte mit 500 g Schlagsahne (mit 2 Päckchen Sahnesteif gefestigt) dick und wolkig überziehen. Schoko-Kirschen dicht an dicht auf den Tortenrand setzen.

Rocky Mountains

Dunkler Kekskuchen
(Kastenform 1–1 1/2 l):
400 g Blockschokolade,
120 g Butter, 2 EL Puderzucker,
1 EL Zimt, 50 g ganze geschälte Haselnüsse, 120 g Butterkekse,
125 g Rumrosinen (Fertigprodukt)

Heller Kekskuchen
(Kastenform 1–1 1/2 l):
50 g Sultaninen, 50 g gewürfelte kandierte Früchte oder Kirschen (Fertigprodukt)
abgeriebene Schale und Saft von 1 unbehandelten Orange,
400 g weiße Schokolade
50 g geschälte Mandeln,
120 g Butterkekse, 120 g Butter,
2 EL Puderzucker

Schwierigkeit:
Arbeitszeit: ca. 1 Std.
+ **Kühlzeit:** ca. 2 Std.

1. Für den dunklen Kekskuchen Form mit Klarsichtfolie auskleiden. Schokolade fein hacken. 2 EL beiseite stellen. Butter im heißen Wasserbad schmelzen. Puderzucker, Zimt und restliche Schokolade zufügen, schmelzen. Nüsse in einer Pfanne rösten. Kekse grob zerbröseln. Mit Rumrosinen unter die Schokomasse mischen. In die Form füllen, etwas abkühlen lassen, mit gehackter Schokolade bestreuen. 2 Std. kalt stellen.

2. Für den hellen Kekskuchen Sultaninen, kandierte Früchte und Orangenschale im Orangensaft einweichen. Schokolade hacken, Mandeln rösten, Kekse zerkleinern. Aus den angegebenen Zutaten genau wie den dunklen Kekskuchen zubereiten, kalt stellen.

3. Kuchen aus der Form nehmen, Folie abziehen. In ca. 10–12 Blöcke schneiden. Dekorativ auf eine Platte schichten. Nach Lust und Laune mit Wunderkerzen servieren.

Funny Cakes

»Reif für die Insel«

1 heller Wiener Tortenboden
(Fertigprodukt, 3 Schichten)
oder selbstgebackener Boden
(siehe rechte Spalte)

Dekoration:
selbstgespritzte Schokopalmen
(siehe Schoko-Ornamente, S. 116)
2 EL Kokosraspel
2 EL gehackte Pistazien
Blue-Curaçao-Gelee:
Saft von $^1/_2$ Orange
6 EL Blue Curaçao, ersatzweise: etwas blaue Speisefarbe
Zucker (nach Geschmack)
$^1/_2$ TL Agar-Agar

Füllung:
2 reife Papayas
3 EL Zitronensaft
3–4 EL Puderzucker
3 EL Orangensaft
$^1/_2$ TL Agar-Agar
250 g Sahne
1 Päckchen Vanillezucker

Schwierigkeit: 🍒🍒🍒
Für (Büro-)Partys
Dekoration läßt sich vorbereiten
Arbeitszeit: ca. 1 $^1/_2$ Std.
+ **Kühlzeit:** ca. 1 Std.

TIP!

Beim Kochen des Gelees verfliegt der größte Teil des Alkohols. Wer trotzdem keinen Blue Curaçao verwenden will: Orangensaft-Wasser-Mischung mit Lebensmittelfarbe türkisblau färben. Wer die Tortenböden mit einer Etagenbackform backen möchte, findet ein passendes Biskuitrezept auf S. 115.
Statt Papayas können Sie auch eine kleine Honig- oder Zuckermelone verwenden.

1. Aus einer Schicht Tortenboden einen Boden mit 18 cm Ø, aus der zweiten Schicht einen weiteren mit 14 cm Ø ausschneiden. Die dritte Schicht unverändert lassen.

2. Für das Blue-Curaçao-Gelee Orangensaft und Blue Curaçao mischen, mit Wasser auf $^1/_4$ l auffüllen. Nach Geschmack mit Zucker süßen. Etwas davon abnehmen, Agar-Agar damit anrühren. Übrige Flüssigkeit erhitzen, Agar-Agar einrühren, 2 Min. kochen lassen. In eine flache Schale gießen, abkühlen und 1 Std. im Kühlschrank erstarren lassen. Die Schokopalmen (Vorlage ganz vorne im Buch) auf (Back)papier übertragen (z. B. durchpausen) und nach Anleitung S. 116 spritzen **(Step 1).**

3. Fruchtfleisch von drei Papaya-Hälften aus der Schale lösen und mit 2 EL Zitronensaft und Puderzucker pürieren. Orangensaft mit $^1/_3$ des Fruchtpürees und Agar-Agar gut verrühren, 2 Min. kochen lassen. Dann restliches Fruchtpüree unterrühren. Sahne mit Vanillezucker steif schlagen.

4. Alle drei Schichten Tortenboden erst mit Fruchtpüree, dann mit Sahne bestreichen. Böden aufeinandersetzen. Oberfläche des kleinen Bodens am Rand mit Kokosraspeln, in der Mitte mit Pistazien bestreuen. Blue-Curaçao-Gelee würfeln und auf dem Rand des unteren und mittleren Tortenbodens verteilen **(Step 2).** Aus dem Fruchtfleisch der vierten Papaya-Hälfte Kugeln ausstechen. In 1 EL Zitronensaft marinieren und kurz vor dem Servieren mit den Schokopalmen als Dekoration auf der obersten Tortenschicht verteilen.

Böden selber backen:

Teig für 3 Tortenböden
(z.B. 16, 18 und 26 cm Ø):
1 $^1/_2$ mal Grundrezept
Heller Sandteigboden, S. 114
Arbeitszeit: ca. 20 Min.
+ **Backzeit:** je ca. 35, 40, 50 Min.

1. Teig nach dem Grundrezept anrühren. Die Formen mit Backpapier auslegen. Ofen auf 170°–180° vorheizen.

2. Teig einfüllen und Tortenböden wie oben angegeben backen – kleinen Boden 35 Min., mittleren 40 und großen 50 Min. (dabei die beiden kleineren Böden zusammen in den Ofen schieben). Stäbchenprobe machen (S. 114). Abkühlen lassen.

1

2

Schoko-Igel

Schokoladenmasse:
250 g Blockschokolade
50 g Butter
100 g Sahne
3 Eier (M)
2 EL Zucker
75 g Löffelbiskuits oder Butterkekse

Glasur:
je 200 g Halbbitter-Kuvertüre und Schokoladen-Fettglasur (Fertigprodukte)

Dekoration:
50 g Mandelstifte
2 weiße oder silberne Zuckerperlen

Schwierigkeit:
Für Kinderpartys
Läßt sich vorbereiten
Auch schön als Geschenk
Arbeitszeit: ca. 30 Min.
+ **Kühlzeit:** ca. 6 Std.

Mit spitzer Schokoladenschnauze und pieksenden Mandelstacheln – so lieben ihn alle Kinder und so darf er auf keiner Geburtstagsparty fehlen.

1. Schokolade hacken, mit Butter und Sahne in einem kleinen Töpfchen bei schwacher Hitze schmelzen. Eier und Zucker im heißen Wasserbad dickcremig schlagen, Schokosahne unterziehen. Die Kekse im Blitzhacker fein zerkleinern. Etwa ein Drittel der Schoko-Masse abnehmen und mit den Keksbröseln vermischen. Eine möglichst breite, kurze Kastenform (oder eine rechteckige Gefrierbox o.ä.) mit Klarsichtfolie auskleiden. Erst Schokomasse ohne, dann Masse mit Keksbröseln einfüllen und glattstreichen. Mindestens 5–6 Std. kalt stellen.

2. Schokomasse aus der Form auf Backpapier stürzen. Mit einem Messer eine spitze Schnauze schneiden **(Step 1).** Masse eventuell mit einem großen Stück frischer Klarsichtfolie bedecken und den Rücken rund formen. Übergänge glätten, so daß eine Igelform entsteht. Noch einmal kurz kalt stellen.

3. Kuvertüre und Schokoglasur hacken, zusammen im Wasserbad schmelzen lassen. Igel damit überziehen. Mandelstifte als Stacheln in die noch feuchte Glasur stecken. Die Schnauze frei lassen. Zuckerperlen als Augen in die Glasur drücken. Igel auf eine saubere Unterlage setzen. Bis zum Servieren kalt stellen.

1

TIP!

Besonders nett: doppelte Menge zubereiten und einen großen und zwei kleine Igel daraus formen (Foto).
Wer's bunt und poppig mag, kann die Mandelstifte verschieden färben. Dazu je 2 EL Wasser mit 3 EL Zucker 10 Min. zu Sirup kochen, mit etwas Lebensmittelfarbe färben. Mandelstifte portionsweise darin wenden, auf Backpapier ausgebreitet trocknen lassen.
Erspart das Formen der Schokomasse: eine Igelform aus dem Haushaltsgeschäft. Darin kann man z. B. auch Schoko-Mandel-Teig (Grundrezept siehe Seite 114) in Igelform backen oder einen Schokoladenpudding-Igel zubereiten.

Zitronentorte »Sei nicht sauer«

Teig für 1 Fettpfanne:
150 g weiche Butter
150 g Zucker
1 Prise Salz
4 Eier (M)
Saft und abgeriebene Schale von 1 unbehandelten Zitrone
50 g gehackte Pinienkerne
1 Tütchen Backpulver
450 g Mehl
ca. 200 ml Milch oder Kaffeesahne

Dekoration:
Schale und Saft von 1 unbehandelten Zitrone
100 g Zucker
200 g Sahne
40 g Puderzucker
Saft und geriebene Schale von 1/2 unbehandelten Zitrone
1–2 Gläschen Grappa (nach Belieben)
Dragee-Zitronen, Zitronen-Bonbons oder selbstgemachte Jelly-Zitronen (siehe Tip)
einige Blättchen Zitronenmelisse

Schwierigkeit:
Läßt sich vorbereiten
Ohne Sahne und Dekoration zum Einfrieren geeignet
Arbeitszeit: ca. 1 Std.
+ **Backzeit:** 30–40 Min.

Erfrischt erhitzte Gemüter und ist mindestens so erfolgreich, wie der große Kniefall: ein selbstgebackenes Friedensangebot, bei dem niemand länger böse sein kann.

1. Ofen auf 180° vorheizen. Butter, Zucker und Salz schaumig rühren. Eier, Zitronensaft und -schale nach und nach unterrühren. Pinienkerne unterheben, ebenso das mit dem Backpulver vermischte Mehl. Soviel Milch oder Sahne unterrühren, daß ein geschmeidiger Teig entsteht.

2. Teig in der gefetteten und/oder mit Backpapier ausgelegten Fettpfanne verstreichen. Ca. 30–40 Min. backen (Stäbchenprobe machen, S. 114). Auskühlen lassen, mit Hilfe der Vorlage (ganz vorne im Buch, mit dem Kopiergerät vergrößern) eine Schablone anfertigen, auf den Teig legen und ein Bäumchen daraus ausschneiden **(Step 1)**.

3. Für die Dekoration Schale der Zitrone in möglichst breiten Streifen oder Stücken dünn abschälen. Daraus mit Buchstaben-Ausstechförmchen die Worte »Sei nicht sauer« ausstechen (weitere Dekovorschläge siehe Tip!). Zitrone auspressen. Saft mit dem Zucker erhitzen, bis der Sirup klar ist. Zitronenschalen-Buchstaben hineingeben, 10 Min. bei kleiner Hitze kandieren, herausheben. Den Sirup heiß über das Kuchenbäumchen gießen.

4. Sahne mit Puderzucker und Zitronenschale steif schlagen. Unter ständigem Schlagen ganz langsam den Zitronensaft zufügen – die Sahne wird dabei cremig-steif. Zum Schluß nach Belieben Grappa unterheben. Zitronensahne auf dem Kuchenbäumchen verteilen, Stamm frei lassen. Zitronenbonbons, kandierte Buchstaben und Melisseblättchen dekorativ auf der Sahne anordnen.

1

TIP!

Selbstgemachte Jelly-Zitronen: 1 Packung Götterspeise »Zitrone« nach Packungsaufschrift kochen. Abgekühlt, aber noch flüssig in Eiskugelbeutel gießen, fest werden lassen. Vorsichtig einzeln herauslösen.
Für Eilige: Statt Zitronenschalen-Schrift können Sie auch aus gelben Weingummi-Buchstaben »Sei nicht sauer« schreiben. Oder Sie beschriften einfach ein Kärtchen und legen es neben die Torte.
Sie können auch eine runde Zitronentorte (Springform mit 22–24 cm Ø) backen und wie oben beschrieben dekorieren.

SEI
NICHT
SAUER

Süßer Rettungsring

Teig für 1 Savarin- oder
Ringform (22–24 cm Ø):
175 g weiche Butter
125 g Frischkäse (beliebige Sorte, z. B. Doppelrahm-Frischkäse, Quark, Ricotta)
120 g Zucker
abgeriebene Schale von 1 unbehandelten Zitrone
1 TL gemahlene Vanille (Reformhaus) oder 1 Päckchen Vanillezucker
3 Eier (M), 225 g Mehl
2 TL Backpulver
Fett und Mehl für die Form

Füllung:
300 g Erdbeeren (frisch oder TK)
80 g Zucker
4 Blatt rote Gelatine
200 g Frischkäse

Glasur und Dekoration:
2 Eiweiße (M)
250 g Puderzucker
rote Speisefarbe
Lakritzschnüre
Weingummi-Buchstaben

Schwierigkeit: 🍒🍒
Schön zum Verschenken
Für Kinder- oder Teenie-Partys
Preiswert
Arbeitszeit: ca. 1 1/2 Std.
+ **Backzet:** 40–45 Min.
Kühl- und Trockenzeit: ca. 1 Std.

TIP!

Wenn`s schnell gehen soll: Ring einfach durchschneiden, nicht aushöhlen, Erdbeer-Konfitüre als Füllung verwenden. Wer keine Ringform hat: Die doppelte Teigmenge in einer großen Springform backen. In der Mitte eine kleine runde Torte herausschneiden, so daß ein Ring entsteht. Kleine Torte einfrieren und bei Bedarf beliebig füllen und dekorieren.

Ein Talisman zum Aufessen – für alle, denen man die Daumen drückt!

1. Ofen auf 170–180° vorheizen. Form einfetten und mit Mehl ausstäuben. Butter und Frischkäse cremig rühren. Zucker, Zitronenschale, Vanille(zucker) und nach und nach die Eier zufügen, alles gründlich verrühren. Mehl mit Backpulver mischen, nur ganz kurz unterrühren (sonst wird der Kuchen speckig).

2. Teig in die Form füllen und glatt streichen. Ca. 40–45 Min. backen. Stäbchenprobe machen: siehe Extra-Tip S. 114 rechts. Den Boden 5 Min. abkühlen lassen. Dann aus der Form lösen und auf einem Kuchengitter ganz auskühlen lassen. Teigring einmal horizontal durchschneiden. Aus einer Hälfte auf der Schnittfläche rundherum einen Graben aushöhlen.

3. Für die Fruchtfüllung die Erdbeeren (eventuell auftauen) in Scheiben schneiden. Die Hälfte davon mit dem Zucker mischen. Etwas stehen lassen, damit sie Saft ziehen. Gelatine kalt einweichen. Gezuckerte Erdbeeren erhitzen, Gelatine im warmen Erdbeersaft auflösen. Restliche Beeren untermischen, etwas abkühlen lassen. Den Frischkäse cremig rühren, die Beeren unterheben. In den ausgehöhlten Teigring füllen. Oberen Ring darauf setzen und andrücken.

4. Eiweiße halbsteif schlagen. Nach und nach den Puderzucker untermischen, bis eine dicke weiße Glasur entsteht. Etwa ein Drittel davon mit roter Speisefarbe kräftig färben. Kuchenring erst ganz mit weißer Glasur überziehen, fest werden lassen. Dann mit einem Kuchenpinsel rote Glasur als breite Querstreifen auftragen. Für saubere Ränder: mit Backpapier die Felder, die weiß bleiben sollen, abdecken **(Step 1)**.

5. Lakritzschnüre dekorativ miteinander verknoten und wie bei einem echten Rettungsring locker um den Tortenring legen. An einigen Stellen in die noch feuchte Glasur drücken, um sie zu befestigen. SOS aus Weingummi-Buchstaben mit etwas Glasur aufkleben. Im Kühlschrank 1–2 Std. trocknen lassen.

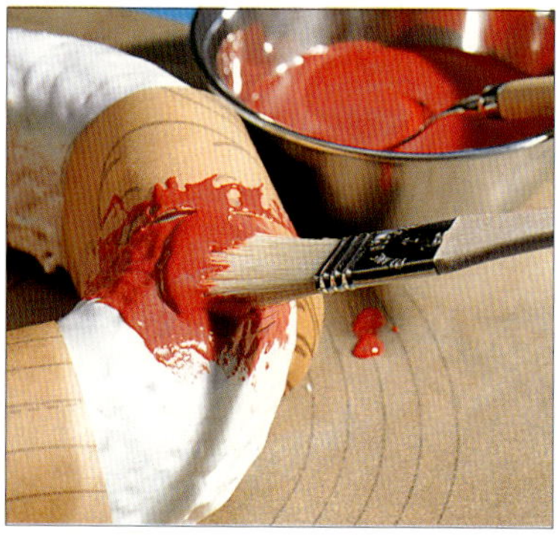
1

SOS

Maxi-Banane

Teig für 1 Fettpfanne:
- 350 g Mehl
- 3 TL Backpulver
- abgeriebene Schale von 1 unbehandelten Zitrone
- 1 Prise Salz
- 220 g weiche Butter
- 150 g brauner Zucker
- 3 Eier (M)
- 2 große reife Bananen

Füllung und Überzug:
- 2–3 Bananen
- 180 g weiche Butter
- 500 g Frischkäse
- 180 g Puderzucker
- 1 TL flüssige Vanille oder 2 Päckchen Vanillinzucker
- Saft von $^{1}/_{2}$ Zitrone
- 1–2 EL Mangosirup, ersatzweise: gelbe Lebensmittelfarbe (nach Belieben)

Dekoration:
- Tortenkarton
- etwas Schokoladen-Kuvertüre (ca. 25 g)
- 1 TL Kakao (nach Belieben)
- 1 TL Kokos-Chips

Schwierigkeit: 2 Kirschen
Läßt sich vorbereiten
Für Kinder- und Teenie-Partys
Arbeitszeit: ca. 1 $^{1}/_{2}$ Std.
\+ **Backzeit:** ca. 25 Min.
\+ **Kühlzeit:** ca. 3 $^{1}/_{2}$ Std.

Bananen im Teig, Bananen als Füllung und rundherum ein softes Frischkäse-Icing nach amerikanischer Art. Das Maxi-Vergnügen für Bananenfans!

1. Ofen auf 180° vorheizen. Mehl, Backpulver, Zitronenschale und Salz vermischen. Butter und Zucker hellcremig rühren. Eier einzeln untermischen. Bananen pürieren, zusammen mit der Mehlmischung unterheben.

2. Teig auf die gefettete, mit Backpapier ausgelegte Fettpfanne streichen. Ca. 25 Min. backen (Stäbchenprobe machen, S. 114). Mit dem Papier auf ein Kuchengitter ziehen und völlig abkühlen lassen.

3. Aus Tortenkarton oder festem Papier eine ca. 30 cm lange Bananen-Schablone ausschneiden. Damit zwei Bananen aus der Teigplatte ausschneiden.

4. Bananen für die Füllung in längere Stücke schneiden. Für das Frischkäse-Icing Butter, Frischkäse, Puderzucker und Vanille cremig rühren. Für die hellgelbe Farbe Zitronensaft und Mangosirup oder etwas Lebensmittelfarbe unterrühren.

5. Eine Bananen-Kuchenschicht mit Frischkäsecreme bestreichen, mit Bananenstücken belegen und mit Creme überziehen. Die zweite Bananen-Kuchenschicht darauf setzen und leicht andrücken. Maxi-Banane rundherum mit Frischkäsecreme bestreichen, 30 Min. kühlen.

6. Kuvertüre grob hacken, in einer Tasse im heißen Wasserbad schmelzen. In einen Gefrierbeutel füllen und eine winzige Ecke abschneiden. Damit feine Linien und Stielansatz auf die Banane spritzen. Torte noch mal 2–3 Std. kühlen, vom Backpapier auf eine Servierplatte heben. Nach Geschmack mit etwas Kakao bestäuben und mit Kokos-Chips umstreut servieren.

TIP!

Wer's einfacher haben will: Teig in zwei Portionen nacheinander in einer Springform (22–24 cm Ø) backen. Beide Böden mit Creme und Banane zusammensetzen. Mit Creme überziehen und mit Gelee- oder Fondant-Bananen (Bonbonbar im Kaufhaus) dekorieren.
Die Reste vom Teigboden eignen sich zum Einfrieren und lassen sich für Schicht-Desserts im italienischen Stil verwenden, z. B. für Tiramisu oder Zuppa inglese: Teigstücke in einer Schüssel mit Rum beträufeln, mit Amaretto und Zucker verrührten Sahnequark darüber füllen, mit geriebener Schokolade und gehackten Pistazien bestreuen.

Think Pink-Wolke

Baiser für 2 Wolken:
70 g Himbeeren (frisch oder tiefgekühlt)
5 Eiweiße (M)
320 g Zucker

Füllung:
5 Blatt rote Gelatine
200 g Sahne
250 g Himbeeren (frisch oder tiefgekühlt)
100 g Zucker
Saft und abgeriebene Schale von 1 unbehandelten Zitrone
250 g Joghurt

Dekoration:
etwas rote Lebensmittelfarbe
ungefüllte rosa Fruchtbonbons

Schwierigkeit:
Läßt sich vorbereiten (Baiserböden)
Für Teenie-Partys
Arbeitszeit: ca. 35 Min.
+ **Backzeit:** ca. 3 Std.
+ **Kühlzeit:** ca. 30 Min.

Wer von diesem rosa Zuckerhauch nascht, landet direkt auf Wolke Sieben. Garantiert!

1. Ofen auf 90° vorheizen. Zwei gleichgroße Wolken auf Backpapier vorzeichnen. Für das Himbeerbaiser Himbeeren pürieren, durch ein Sieb passieren. Eiweiße steif schlagen. Langsam unter ständigem Schlagen Zucker zurieseln lassen. Zum Schluß mit einem Teigspatel das Himbeermark vorsichtig und gleichmäßig unterziehen. Etwa eine Tasse rosa Eischnee für die Dekoration zugedeckt beiseite stellen.

2. Die größere Menge rosa Eischnee mit einem Löffel auf den vorgezeichneten Wolken verteilen oder mit einem Spritzbeutel erst die Konturen spritzen, dann die Flächen ausfüllen. 2 $^1/_2$–3 Std. im Ofen backen bzw. trocknen lassen. Dabei die Ofentür einen Spaltbreit offen halten. Abkühlen lassen.

3. Für die Füllung Gelatine kalt einweichen. Sahne steif schlagen. Himbeeren mit Zucker, Zitronensaft und -schale mischen, $^1/_3$ davon erwärmen. Gelatine darin auflösen, unter die restlichen Himbeeren mischen. Joghurt und Sahne unterziehen. Joghurt-Sahne kühl stellen, bis sie leicht fest wird. Die Hälfte davon auf einer Baiser-Wolke verteilen, zweite darauf setzen.

4. Den zurückbehaltenen rosa Eischnee mit Lebensmittelfarbe kräftig pink einfärben. Mit runder, schmaler Spritztülle »Think pink« auf die Wolke spritzen. Bonbons in einem Küchentuch mit einem Hammer fein zerkleinern. Auf den Rand der Torte streuen. Sofort servieren.

TIP!

Die Torte sollte möglichst bald nach dem Füllen verzehrt werden, damit der Baiserboden nicht durchweicht. Wer eine haltbarere Torte herstellen möchte, bäckt 1mal hellen Sandteigboden (S. 114) und füllt ihn nach dem Durchschneiden mit der Joghurt-Sahne. Eventuell mit einer Schablone in Wolkenform schneiden. Natürlich können Sie auch fertige Wiener Böden verwenden.
Selbstgemachte Gelee-Buchstaben: $^1/_2$ Päckchen Götterspeise Himbeer nach Packungsaufschrift zubereiten, 1 cm hoch in eine mit Klarsichtfolie ausgelegte Form gießen. Nach dem Erstarren mit Buchstabenförmchen ausstechen.
Für eine Geburtags-Torte: Kleine rosa Kerzen rund um die Baiserwolke stellen. Je nach Geschmack zusätzlich mit einer Engel-Oblate verzieren (Oblatenbildchen bekommen Sie in großen Kaufhäusern und in Papiergeschäften).

La Paloma

Tortenboden (für 1 Taube):
1 heller Wiener Tortenboden (Fertigprodukt, 2 Schichten) oder selbstgebackener Boden (siehe rechte Spalte)
125 g Zucker für den Sirup zum Tränken (reicht für mehrere Tauben, siehe Tip)
Tortenkarton (Haushaltswarengeschäft)
Füllung und Deko-Vorschlag »Pinienkern-Taube«:
70 g Pinienkerne
1 EL Calvados (nach Belieben)
125 g Crème fraîche
2 EL flüssiger Honig
Puderzucker und Vanillezucker zum Bestäuben
Arbeitszeit: 40 Min.
Füllung und Deko-Vorschlag »Rosenblätter-Taube« (ohne Abb.):
Blütenblätter von 1 ungespritzen Rose
1 Eiweiß (M)
2 EL Zucker
250 g Mascarpone
2 EL Puderzucker
etwas Rosenwasser (nach Belieben; gibt's in türkischen und griechischen Lebensmittel-Geschäften oder in der Apotheke)
50 g Mandelblättchen oder Walnüsse
Schwierigkeit jeweils:
Schön zum Verschenken
Fürs Partybuffet
Arbeitszeit: ca. 50 Min.

1. Für den Taubenboden: Taubenform von der Vorlage ganz vorne im Buch mit dem Kopiergerät auf Tortengröße vergrößern und auf Tortenkarton zeichnen, ausschneiden. Die beiden Tortenschichten mit Hilfe der Schablone in Form schneiden **(Step 1).** Für den Sirup Zucker mit $^1/_8$ l Wasser aufkochen, abkühlen lassen.

2. Für die Pinienkern-Taube: Pinienkerne in trockener Pfanne hellgelb rösten. Tortenböden mit je 1 EL Zuckersirup (nach Belieben mit Calvados vermischt) beträufeln, mit Crème fraîche bestreichen und zusammensetzen. Oberfläche mit Honig beträufeln, Pinienkerne dicht an dicht darauf verteilen. Puder- und Vanillezucker mischen, leicht darüber sieben.

3. Für die Rosenblätter-Taube (ohne Abb.): Rosenblätter mit Eiweiß bepinseln, mit Zucker bestreuen, trocknen lassen (siehe Dekorieren, S. 116). Mascarpone und Puderzucker cremig rühren, nach Belieben etwas Rosenwasser unterrühren. Tortenböden mit Macarponecreme zusammensetzen und bestreichen. Mandelblättchen in einer beschichteten Pfanne anrösten oder Walnüsse grob hacken. Oberfläche mit den Rosenblättern dekorieren. Dazwischen Mandelblättchen oder Walnußstückchen streuen.

Böden selber backen:
Teig für 1 Fettpfanne oder 2 Springformen (26 cm Ø):
2 mal Grundrezept Heller Sandteigboden, S. 114
Arbeitszeit: ca. 20 Min. + **Backzeit:** ca. 45 (oder 2 x 45) Min.

1. Teig nach dem Grundrezept in der mit Backpapier ausgelegten Fettpfanne (oder in 2 Springformen nacheinander) backen und auskühlen lassen.

2. Mit Hilfe der Tauben-Schablone zwei Tauben daraus ausschneiden.

1

TIP!

Variation »Exotische Taube«: Tortenschichten mit Rum und Zuckersirup tränken, mit Schlagsahne füllen. Oberfläche dünn mit Schlagsahne bestreichen. Exotische Früchte in dekorative Stücke bzw. Scheiben schneiden, mit Zitronensaft beträufeln. Kiwistücke kurz mit heißem Wasser übergießen, damit sie im Kontakt mit der Sahne nicht bitter werden. Auf der Taube verteilen. Mit Kokosraspeln und etwas Zimt bestreuen.

Schlanke Zitronen-Rolle

Teig für 1 Backblech:
1 EL Butter, 75 g Mehl,
$1/2$ TL Backpulver, 2 Eier (L),
2 Eiweiße (L), 60 g Zucker,
1 Prise Salz, 1 EL Puderzucker

Füllung:
130 g Zucker, 35 g Speisestärke,
330 ml Buttermilch,
6 EL Zitronensaft, 1 Eigelb (L)
1 TL Butter, abgeriebene Schale von
1 unbehandelten Zitrone,
etwas gelbe Lebensmittelfarbe

Dekoration:
2 EL Puderzucker,
2 EL Pistazienzucker
(siehe Last-Minute-Deko, S. 118/119)
dünne Zitronenscheiben,
Zucker, Zitronenmelisse

Schwierigkeit: 🍒🍒
Arbeitszeit: ca. 1 Std.
+ **Backzeit:** ca. 12 Min.
Bei 8 Portionen je ca. **230 Kalorien**

1. Ofen auf 190° vorheizen. Butter zerlassen. Mehl und Backpulver mischen. Eier und Eiweiße im Wasserbad dick cremig schlagen. Zucker und Salz zufügen. Abkühlen lassen. Mehl darüber sieben, mit Butter unterheben. Teig auf dem mit Backpapier ausgelegten Blech verstreichen (32 mal 23 cm). Ca. 12 Min. backen. Biskuit mit Puderzucker bestreuen, mit Küchenpapier bedecken, stürzen. Backpapier abziehen. Sofort Teig von der kürzeren Seite her aufrollen. Abkühlen lassen.

2. Zucker und Stärke mischen. Buttermilch, Zitronensaft und Eigelb unterrühren. Im Wasserbad dickcremig schlagen. Butter, Zitronenschale und Lebensmittelfarbe unterrühren. Abkühlen lassen, ab und zu durchrühren. Biskuit entrollen, mit Creme bestreichen, aufrollen. Mit der Naht nach unten auf eine Platte setzen. Mit Puder- und Pistazienzucker bestreuen. Zitronenscheiben in Zucker wenden, mit Melisse auf der Rolle verteilen.

Slimline Torten

Früchtetorte »Schlank unter Palmen«

Teig für 1 Springform (28 cm Ø):
- 200 g Mehl
- 75 g kalte Butter
- 40 g Puderzucker
- 1 Ei (M)

Füllung:
- 4 Blatt weiße Gelatine
- 350 g fettreduzierter Frischkäse
- 200 g Erdbeeren
- Zucker oder Süßstoff (nach Geschmack)

Belag:
- Ca. 700 g geputzte gemischte Früchte, z.B. Papaya, Kiwi, Mango, Karambolen (Sternfrüchte), Kapstachelbeeren, frische Feigen, Erdbeeren

Dekoration:
- 2–3 EL Diät-Orangenmarmelade
- Kokosraspel
- Bananen- oder andere exotische Blätter (Asienladen)

Schwierigkeit: 🍒

Läßt sich vorbereiten

Auch schön als Dessert

Arbeitszeit: ca. 1 Std.
+ **Backzeit:** ca. 15 Min.
+ **Kühlzeit:** ca. 1 Std.

Bei 12 Stück pro Stück ca. **220 Kalorien**

Patentrezept für einen super-saftigen, figurfreundlichen Obstkuchen – passend für alle vier Jahreszeiten und sämtliche Frucht-Vorlieben. Hier die exotische Variante für alle, die rank und schlank werden wollen, wie die Schönen auf Hawai.

1. Mehl in eine Schüssel geben. Butter auf der groben Reibe dazuraspeln. Puderzucker darübersieben. Ei zufügen und alles schnell zu einem glatten Teig verarbeiten. Zu einer flachen Platte formen und 30 Min. im Kühlschrank ruhen lassen.

2. Ofen auf 180° vorheizen. Teig zwischen Frischhaltefolie dünn ausrollen, Boden der Springform damit auslegen und einen kleinen Rand formen. In ca. 15 Min. goldgelb backen. Abkühlen lassen.

3. Für die Füllung Gelatine kalt einweichen. Frischkäse mit den Erdbeeren pürieren, nach Geschmack süßen. 2–3 EL davon abnehmen, vorsichtig erhitzen. Gelatine darin auflösen. Zuerst nur wenig von der kalten Erdbeer-Frischkäsemasse unterrühren, dann den Rest. (Auf diese Weise verteilt sich die Gelatine gleichmäßig, es gibt keine Klümpchen.) Masse etwas abkühlen lassen. Frischkäsecreme gleichmäßig auf den Tortenboden streichen.

4. Früchte putzen und je nach Sorte und Größe schälen und in dekorative Scheiben oder Spalten schneiden. Kleine Früchte ganz lassen (bei Kapstachelbeeren die Hüllenblätter nicht entfernen). Die Früchte gruppenweise und dekorativ auf dem Tortenboden anordnen. Orangenmarmelade erwärmen, Früchte damit dünn bestreichen. Mit Kokosraspeln bestreuen. Torte auf einer Unterlage aus exotischen Blättern servieren.

TIP!

Die Früchte zum Belegen der Torte müssen wirklich reif sein: Man erkennt das beim Einkauf daran, daß sie aromatisch duften.

Wenn Sie die Torte zur Abwechslung mit einheimischen Früchten und Beeren zubereiten wollen (z. B. im Sommer mit Erdbeeren, Himbeeren, Pflaumen, Aprikosen), tauschen Sie die Kokosraspel am besten gegen geröstete Mandelblättchen aus und servieren die Torte auf Beerenstrauch- oder Obstbaum-Blättern.

Black Beauty

Teig für 4 Tortenböden
(22 cm Ø):

100 g Butter
100 g Cremequark (0,2 % Fett, Magerquarkzubereitung)
80 g Zucker
2 Eier (M)
150 g Mehl
1 gehäufter EL Kakao
2 TL Backpulver

Füllung:

800 g Himbeeren (frisch oder tiefgekühlt)
200 g kalorienreduzierte Himbeerkonfitüre

Dekoration:

frische Minze
Puderzucker

Schwierigkeit:

Läßt sich vorbereiten
Auch schön als Dessert
Arbeitszeit: ca. 40 Min.
+ **Backzeit:** ca. 30 Min.
Bei 12 Stück pro Stück
ca. **220 Kalorien**

Viele Schichten zarter Schokoladenteig mit saftigsüßen Beeren – schöner und köstlicher kann Kaloriensparen nicht sein.

1. Backofen auf 170–180° vorheizen. Butter, Quark und Zucker ausgiebig cremig rühren. Eier nacheinander gründlich unterrühren. Mehl, Kakao und Backpulver mischen, durchsieben und unterheben. Auf die Rückseite von Backpapier 4 Kreise mit ca. 22 cm Ø zeichnen, Papier umdrehen und je 1/4 der Teigmasse gleichmäßig auf den Kreisfeldern verstreichen. Jeweils 2 Böden zusammen ca. 15 Min. backen. (Stäbchenprobe machen: Stecken Sie ein Holzstäbchen in den Boden. Wenn Teig am Stäbchen klebenbleibt, muß die Backzeit verlängert werden.) Böden vom Backpapier lösen, auf Kuchengittern möglichst über Nacht abkühlen lassen.

2. Tiefgekühlte Himbeeren auftauen lassen. 12 schöne Himbeeren zum Garnieren beiseitestellen. Konfitüre mit 200 g Himbeeren vermischen. Einen Schokoboden auf eine Tortenplatte legen, mit 1/3 der Himbeer-Konfitüre bestreichen. 1/3 der restlichen Himbeeren darauf verteilen. Zweiten Boden darüberlegen und genauso bestreichen und belegen, ebenso den dritten Boden. Mit dem vierten Boden bedecken.

3. Kurz vor dem Servieren die Torte mit Himbeeren und Minzeblättchen dekorieren und durch ein Sieb leicht mit Puderzucker bestäuben.

TIP!

Den Teig unbedingt ausgiebig rühren, damit er locker und leicht wird. Besonders gut schmeckt die Torte, wenn sie ein paar Stunden oder über Nacht im Kühlschrank durchgezogen hat.
Tiefkühl-Himbeeren schonend im Kühlschrank auftauen und sehr gut abtropfen lassen. Frische Himbeeren möglichst nicht waschen, weil sie dadurch sehr viel Aroma verlieren.
Wer mag, leistet sich einen Klacks Sahne zu der Torte (bringt ca. 60 Extra-Kalorien).
Statt Himbeerkonfitüre: Zusätzliche 300 g Himbeeren pürieren, mit Zucker oder Süßstoff nach Geschmack und 1 gehäuften EL Speisestärke aufkochen, bis eine Art Gelee entsteht. Abkühlen lassen, eventuell mit etwas Himbeergeist abschmecken. Dann wie im Rezept beschrieben weitermachen, d. h. 200 g Himbeeren von der vorgeschriebenen Füllungsmenge (800 g) untermischen.

Krokant-Torte »Campari Orange«

Teig für 2 Tortenböden (22 cm Ø):
- 50 g weiche Butter
- 100 g Zucker
- 50 g Mehl
- 3 EL Orangensaft
- 30 g Mandelblättchen

Füllung:
- 750 ml frisch gepreßter Orangensaft, ersatzweise: Fertigprodukt
- 1 TL Agar-Agar
- 4–6 EL Campari

Dekoration:
- 8–12 Kumquats (Zwergorangen)
- Puderzucker zum Bestäuben
- Zitronenmelisse

Schwierigkeit: 🍒🍒

Auch schön als Dessert

Arbeitszeit: ca. 50 Min.
+ **Backzeit:** ca. 30 Min.
+ **Kühlzeit:** ca. 1 1/2 Std.

Bei 8 Stück pro Stück ca. **200 Kalorien**

Verlockend wie im Sterne-Restaurant – ein Torten-Leichtgewicht der edelsten Art. Die Böden und das Gelee können getrennt vorbereitet werden. Sie sollten sie aber erst kurz vor Ankunft der Gäste zusammensetzen, damit der untere Boden knusprig bleibt (siehe Tip! unten).

1. Butter mit Zucker, Mehl und Orangensaft verrühren. Mandelblättchen unterheben. 20 Min. kalt stellen. Backofen auf 180° vorheizen. Jeweils die Hälfte Teig auf dem mit Backpapier belegten Boden einer Springform (22 cm Ø) verteilen. 12–14 Min. backen, bis der Krokant gleichmäßig goldbraun ist. Einen der Böden noch heiß mit einem scharfen Messer oder mit der Küchenschere in 8 Tortenstücke schneiden. Beide Böden auf dem Backpapier erkalten und fest werden lassen.

2. Für das Campari-Orange-Gelee die Hälfte des Orangensaftes mit Agar-Agar gut verrühren, mindestens 2 Min. kochen. Restlichen Saft und Campari unterrühren. Abkühlen lassen, bis das Gelee beginnt, fest zu werden. In eine mit Klarsichtfolie ausgelegte flache Schüssel oder Springform (20–22 cm Ø) füllen. Im Kühlschrank in etwa 1 1/2 Std. ganz fest werden lassen.

3. Den ganzen Krokantboden auf eine Tortenplatte legen, darauf die Geleeschicht stürzen. Krokant-Tortenstücke darauflegen und leicht festdrücken. Kumquats in dünne Scheiben schneiden und fächerförmig auf die Krokantstücke legen. Restliche Kumquats rund um die Torte verteilen. Alles leicht und duftig mit Puderzucker bestäuben. Mit Zitronenmelisse dekorieren.

TIP!

Die Torte unbedingt ganz frisch zusammensetzen und servieren, da der Krokantboden nach kurzer Zeit durch das Gelee aufweicht. Man kann das etwas hinauszögern, wenn man den unteren Boden mit aufgelöster Schokolade oder Kuvertüre bestreicht und gut trocknen läßt. Schmeckt toll und bringt nur ca. 50 Kalorien mehr pro Stück.

Statt Krokant: 2 runde Blätterteigböden (Kühlregal) mit Zucker und Mandelblättchen bestreuen. Einen Boden vor dem Backen in Stücke schneiden, dann bei 200° 15 Min. backen. Bringt pro Stück ca. 40 Kalorien mehr, und weicht ebenfalls nicht so schnell durch.

Wer auf Campari verzichten möchte: Etwas Grenadine- oder Erdbeersirup unter den Orangensaft mischen, so daß die Geleeschicht eine intensive, mandarinorange Farbe bekommt.

Froschkönig-Torte

Teig für 1 Tortenboden und
2 Kränze (ca. 20 cm Ø):
100 g Butter • 1 Prise Zucker
1 Prise Salz • 150 g Mehl
3 Eier (M)

Füllung:
500 g Cremequark (0,2 % Fett)
Saft und abgeriebene Schale von 1 unbehandelten Limette oder 1/2 Zitrone
100 g Magermilch
1/2 TL Agar-Agar
Zucker oder Süßstoff
3–4 reife Kiwis
1/4 Päckchen Götterspeise »Waldmeister« (Fertigprodukt)

Dekoration:
Weingummi-Frösche
Puderzucker

Schwierigkeit: ●●
Preiswert
Ohne Füllung zum Einfrieren geeignet
Arbeitszeit: ca. 1 1/2 Std.
+ **Backzeit:** 2mal ca. 30 Min.
Bei 8 Stück pro Stück ca. **250 Kalorien**

Märchenhaft-leichter Genuß ist garantiert – nicht nur für gertenschlanke Prinzessinen. Ob die Frösche sich allerdings in Prinzen verwandeln...?

1. Ofen auf 200° vorheizen. Eine feuerfeste Schale mit Wasser hineinstellen. 300 ml Wasser mit Butter, Zucker und Salz aufkochen. Mehl unter ständigem Rühren zufügen und erhitzen, bis der Teig eine glatte Kugel bildet und sich vom Topfboden löst **(Step 1).** In eine Schüssel geben. Eier einzeln nacheinander unterrühren.

2. Backblech mit Backpapier belegen. 1/3 der Teigmenge als runden Boden (20 cm Ø) darauf streichen. In ca. 30 Min. goldgelb backen, dabei die Ofentür nicht öffnen. Rohen Teig zwischendurch kalt stellen. Aus dem restlichen Teig mit einer Spritztüte ohne Tülle zwei Kränze (je 20 cm Ø) auf das Blech spritzen **(Step 2).** Genau wie Boden backen.

3. Cremequark mit Zitrussaft und -schale verrühren. Milch mit Agar-Agar verrühren, 2 Min. kochen lassen. Quarkcreme nach und nach unterrühren, die Creme nach Geschmack süßen. Kiwis schälen, in Scheiben schneiden. Mit heißem Wasser übergießen und kurz ziehen lassen (verhindert das Bitterwerden der Früchte, denn rohe Kiwis entwickeln im Kontakt mit Milchprodukten diesen unangenehmen Effekt).

4. Beide Brandteigkränze mit etwas Quarkcreme als »Brunnenrand« auf dem Tortenboden befestigen. Etwas Creme zum Garnieren beiseitestellen. Abgetropfte Kiwischeiben abwechselnd mit der restlichen Quarkcreme in den Tortenring füllen. Mit einer Schicht Creme abschließen.

5. Götterspeise nach Packungsaufschrift zubereiten. Nach Geschmack süßen und abkühlen, aber nicht fest werden lassen. Eine Schicht Götterspeise auf der Quarkcreme verteilen, im Kühlschrank gelieren lassen. Vor dem Servieren »Seerosen« aus restlicher Quarkcreme auf die Götterspeise spritzen. Weingummifrösche dazwischensetzen. Brunnenrand mit Puderzucker bestäuben.

TIP!

Für eine Kinderparty: Quarkcreme und Götterspeise mit Zucker zubereiten. Für die Creme Sahnequark und Vollmilch verwenden. Einem Frosch ein Krönchen aus Metallpapier aufsetzen und eventuell eine Goldmurmel in den »Froschteich« legen. Schmeckt noch frischer und sieht beim Anschneiden witzig aus: Mehr Quarkcreme und zusätzlich Kiwischeiben zwischen die Brandteigringe schichten.

1

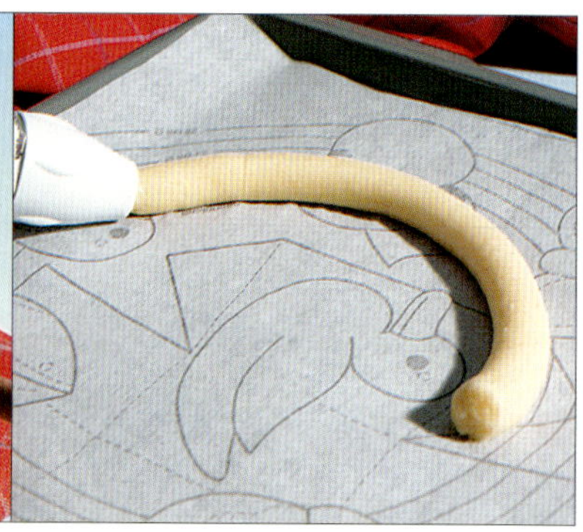
2

Schokomint-Eistorte

Teig für 2 Tortenböden
(18–20 cm Ø):
80 g Mehl
$^1/_2$ TL Backpulver
20 g Kakao
60 g Zucker
1 EL weiche Butter
1 Ei (M)

Füllung:
$^1/_2$ l Milch
80 g Zucker
1 TL Speisestärke
2 Eigelbe (M)
2 EL Pfefferminz-Sirup oder -Likör
30 g Schokomint-Täfelchen

Dekoration:
Puderzucker, frische Minze (nach Belieben)

Schwierigkeit: 2 von 3
Läßt sich vorbereiten

Arbeitszeit: ca. 1 Std.
+ **Backzeit:** ca. 8 Min.
+ **Kühlzeit:** 2–3 Std.

Bei 8 Stück pro Stück ca. **180 Kalorien**

Die coole Alternative zum Sahne-Eisbecher – schmeckt herrlich erfrischend und kein bißchen nach Verzicht!

1. Mehl, Backpulver, Kakao und Zucker mischen. Butter und Ei unterkneten. Teig mindestens 1 Std. kühl stellen. Ofen auf 200° vorheizen. Teig in zwei Hälften teilen. Auf bemehlter Arbeitsfläche zu zwei dünnen runden Böden (18–20 cm Ø) ausrollen. Auf einem mit Backpapier ausgelegten Backblech ca. 8 Min. backen. Gut auskühlen lassen.

2. Für die Pfefferminz-Eiscreme Milch, Zucker, Speisestärke und Eigelbe verrühren. Unter Rühren erhitzen und ganz kurz aufkochen. Pfefferminzsirup oder -likör mit dem Pürierstab untermixen. Ca. 1 Std. in das Tiefkühlgerät stellen, bis das Eis fest, aber noch rührbar ist. Schokotäfelchen in kleine Stücke brechen und unterheben.

3. Einen Schokoboden in eine passende Springform legen (oder einen verstellbaren Tortenring darum legen), Eiscreme darauf glattstreichen. Mit dem zweiten Boden bedecken und noch mal ca. 1 Std. tiefkühlen, bis das Eis ganz fest ist. Vor dem Servieren nach Belieben mit Puderzucker bestäuben und mit frischer Minze garnieren.

TIP!

Für Eilige: Tortenböden aus zwei Schichten dunklem Wiener Tortenboden (Fertigprodukt) ausschneiden. Bringt nur wenige Kalorien mehr.
Auch lecker: Eis zwischen zwei dünnen Schoko-Platten gefrieren. Dafür je 100 g Kuvertüre und Schokoladen-Fettglasur zusammen schmelzen, kreisförmig 2 mm dick auf Backpapier streichen, fest werden lassen. Restliche Schokomasse für Deko-Figuren (S. 116) verwenden.
Spaß machen auch handliche Schokomint-Sandwiches: Aus dem Schokoteig ca. 20 runde Kekse backen, je 2 mit Eiscreme zusammensetzen und frosten.
Die Eiscreme wird besonders locker und zart, wenn Sie sie beim Gefrieren zwischendurch 2–3mal aus dem Tiefkühlgerät nehmen und durchrühren. Besonders praktisch: Die Eismasse in der Rührschüssel der Küchenmaschine zubereiten und gleich darin frosten (Messer eingesetzt lassen) – ab und zu herausnehmen, auf die Maschine setzen und kurz durchmixen.

Grundrezepte

Heller Sandteigboden mit Frischkäse

Für 1 Springform von 22–24 cm Ø, bzw. ½ Backblech oder ½ Fettpfanne
175 g weiche Butter
125 g Frischkäse (beliebige Sorte, z.B. Doppelrahmfrischkäse, Quark, Ricotta)
120 g Zucker
abgeriebene Schale von 1 Zitrone
1 TL gemahlene Vanille (Reformhaus) oder 1 Päckchen Vanillezucker
3 Eier (M), 225 g Mehl
2 TL Backpulver
Fett und Mehl für die Form

1. Ofen auf 170–180° vorheizen. Form einfetten und mit Mehl ausstäuben. Butter und Frischkäse cremig rühren. Zucker, Zitronenschale, Vanille(zucker) und nach und nach die Eier zufügen, alles gründlich verrühren. Mehl mit Backpulver mischen, nur ganz kurz unterrühren.

2. Teig in die Form füllen und glattstreichen. Ca. 40–45 Min. backen. Stäbchenprobe: siehe Extra-Tip rechts. Den Boden 5 Minuten abkühlen lassen. Dann aus der Form lösen und auf einem Kuchengitter ganz auskühlen lassen. Je nach Rezept füllen und dekorieren.

EXTRA-TIP!

Stäbchenprobe: So testen Sie, ob der Boden durchgebacken ist: Stecken Sie ein Holzstäbchen oder einen Zahnstocher in das Gebäck. Wenn Teig am Stäbchen kleben bleibt (Step 1), muß die Backzeit verlängert werden – bis das Stäbchen sauber bleibt.

1 2 3

EXTRA-TIP!

Rechteckige Kuchen (die man später mit Schablone in Form schneiden kann – Vorlagen zum Vergrößern für Schablonen finden Sie ganz vorne und hinten im Buch) backen Sie so: entweder doppelte Menge Sandteig- oder Schokoboden in die Fettpfanne füllen. Oder einfache Menge in einer Hälfte backen. Dazu reißen Sie ein großes Stück Alufolie ab, falten es mehrfach in Längsrichtung und legen es mit abgeknickten Ecken so in die Fettpfanne wie Step 2 zeigt. Dann den Teig in eine Hälfte füllen (Step 3).

Dunkler Schokoboden mit Mandeln

Für 1 Springform von 22–24 cm Ø oder ½ Fettpfanne bzw. ½ Backblech
150 g Schokolade (auch Kuvertüre oder Blockschokolade)
200 g Mandeln (oder Nüsse, z.B. Haselnüsse, Walnüsse, Pecannüsse)
6 Löffelbiskuits oder 5 Butterkekse
125 g weiche Butter
80–100 g Zucker (nach Geschmack)
1 Päckchen Vanillezucker
4 Eier (M), Fett für die Form

1. Ofen auf 180° vorheizen. Form einfetten. Schokolade, Mandeln und Kekse zusammen im Blitzhacker oder in der Küchenmaschine fein reiben. Butter, Zucker und Vanillezucker schaumig rühren, nach und nach Eier unterrühren. Die Schokoladen-Mandelmischung gründlich unterheben.

2. Teig in die Form füllen, auf der untersten Schiene im Ofen ca. 45 Min. backen. Stäbchenprobe machen (Extra-Tip oben). Nach kurzem Abkühlen aus der Form lösen und auf einem Kuchengitter auskühlen lassen.

Mürbeteig für dünne Böden und Keksfiguren

Für 1 Springform von 22–24 cm Ø oder
2 Bleche Kekse

200 g Mehl, 75 g kalte Butter
50–75 g Puderzucker, 1 Ei (M)

1. Mehl in eine Schüssel geben. Butter auf der groben Reibe dazuraspeln. Puderzucker darüber sieben. Ei zufügen und alles schnell mit den Händen zu einem glatten Teig verkneten. Für Kekse zu einer flachen Platte formen, in Folie wickeln und 30 Min. in den Kühlschrank (oder 5 Min. in das Tiefkühlgerät) legen.

2. Für 1 Boden Teig dünn ausrollen, Form damit auslegen (mit einer Gabel mehrmals einstechen) und 30 Min. kaltstellen (bzw. 5 Min. tiefkühlen). Ofen auf 180° vorheizen, Teig in 10–20 Min. goldgelb backen. Keksteig ausrollen, beliebige Keksformen ausschneiden oder ausstechen; Teig wie oben backen.

Baiser

Gelingt ganz leicht, wenn man ein paar Grundregeln beachtet.

Für 1 Tortenboden mit 22–24 cm Ø oder
für 10–20 kleine Baisers

150 g feinster Zucker, 30 g Speisestärke
1 1/2 TL Backpulver, 3 Eiweiße (M)

1. Ofen auf 90–100° vorheizen. Zucker, Speisestärke und Backpulver mischen. Eiweiß in einer Schüssel mit dem elektrischen Handrührgerät steif schlagen. Dann die Zuckermischung ganz langsam dazurieseln lassen, bis der Schnee steife Spitzen bildet und seidig glänzt. Sofort Tortenböden oder kleine Baisers auf Backpapier spritzen.

2. Auf der untersten Schiene im Ofen 2–5 Std. (je nach Form des Baisers) mehr trocknen als backen. Dabei die Ofentür mit einem Kochlöffel einen Spaltbreit offen halten. Das Baiser ist durchgetrocknet, wenn es sich ganz leicht vom Papier löst, an der Unterseite glatt und kein bißchen klebrig ist.

Biskuitteig für Etagen-Backformen

Mit Etagen-Backformen können Sie die Biskuitböden für mehrstöckige Torten gleichzeitig backen.

Für 1 Etagen-Backform

4 Eier (M), 200 g Zucker
1/2 Päckchen Vanillezucker, 200 g Mehl
1 TL Backpulver, Fett für die Form

1. Den Ofen auf 175° vorheizen. Die Eier trennen. Eigelbe mit ca. 4 EL Wasser, 2/3 vom Zucker und Vanillezucker schaumig schlagen. Die Eiweiße steif schlagen. Nach und nach den restlichen Zucker unterschlagen. Auf die Eigelbmasse geben. Mehl mit Backpulver vermischen und darüber sieben. Beides vorsichtig unterheben. Die Etagenform fetten, mehlen, Teig einfüllen.

2. Im Ofen ca. 1 Std. backen, nach 30 Min. auf 150° herunterschalten (Stäbchenprobe machen, siehe Extra-Tip S. 114). Auskühlen lassen. Die Böden trennen, einzeln evtl. horizontal halbieren und je nach Rezept füllen (z. B. mit Mandelcreme, S. 16, Eierlikörcreme, S. 26, Puddingcreme, S. 28, auch mit Sahne und frischen Früchten). Mit Schlagsahne oder einer fertigen Glasur überziehen.

Backen in jeder Form

1 2 3

Für orginelle Torten genügen drei Größen, z. B. 16 cm Ø für Minitorten, 22 und 28 cm Ø für größere Torten, möglichst mit guter Antihaft-Beschichtung **(Step 1).** Superpraktisch ist (zusätzlich) ein verstellbarer Tortenring: Damit können Sie Torten in jeder gewünschten Größe backen **(Step 2).**
Wer häufig mehrstöckige Torten backt, findet oben ein Grundrezept für die neuen Etagen-Backformen. Schauen Sie sich in Ihrer Küche nach originellen Backformen um. Alle Gefäße aus Metall, die keine Plastikteile haben, sind auch zum Backen geeignet! Umfunktionieren lassen sich Schüsseln, Töpfe, Siebe (mit Alufolie ausgelegt): Einfetten, mit Bröseln ausstreuen und als »Hebevorrichtung« Streifen von Backpapier überkreuz hineinlegen **(Step 3).** Darauf den Teig füllen – so bekommen Sie das fertige Backwerk aus jeder Form heil heraus. Patentlösung für alle anderen Torten-Outfits: Sie backen einfach in der Fettpfanne eine große Kuchenplatte und schneiden die gewünschte Form freihändig oder mit einer Schablone (zum Vergrößern ganz vorne und hinten im Buch) aus.

Dekorieren
wie ein Profi

Schoko-Ornamente

Sie werden aus einer Schokomasse gemacht, die schnell fest wird und nach dem Erstarren schön glänzt.

1. Gleiche Menge (z. B. 200 g) Halbbitter-Kuvertüre und Schokoladen-Fettglasur grob hacken, zusammen in einen kleinen Topf geben und bei schwächster Hitze oder im heißen Wasserbad schmelzen.

2. Für Schoko-Späne die Masse kurz abkühlen lassen. Gleichmäßig dünn auf einer glatten Fläche (am besten einer Marmorplatte) verstreichen. Sobald sie fest, aber noch nicht splitterhart ist, mit einem breiten Messer Schoko-Röllchen oder -Späne abschaben.

3. Für Schoko-Figuren die Masse in eine kleine Gefriertüte füllen. Öffnung zusammenfassen, unten eine sehr kleine Ecke abschneiden und beliebige Ornamente (z. B. Herzen, Sterne, Buchstaben …) auf Backpapier spritzen. Abkühlen und ganz fest werden lassen, dann vorsichtig vom Papier lösen.

4. Für Schoko-Blätter die Masse mit einem Pinsel dünn auf die Rückseite von Blättern mit kräftiger Rippenzeichnung streichen (z. B. Rosen-, Hibiskusblätter). Fest werden lassen, eine zweite dünne Schicht darüber streichen und wieder erstarren lassen (am schnellsten geht's im Kühlschrank). Grünes Blatt am Stielende anfassen und vorsichtig vom Schoko-Blatt abziehen.

TIP! Alle Schoko-Ornamente bis zum Verwenden kühl, in gut verschlossener Dose aufbewahren, am besten zwischen Lagen von Butterbrotpapier.

Variation:
Für weiße Schoko-Figuren die gleiche Menge weiße Kuvertüre und Zitronen-Fettglasur (Fertigprodukt) zusammen schmelzen. Für zweifarbigen Schoko-Schmuck die Figuren aus beiden Massen spritzen, z. B. ein Herz mit dunklem Rand und hellen Innenlinien.

1 2 3 4

EXTRA-TIP!

Witzige, einfache Comic-Figuren abpausen oder kopieren, mit dickem Filzstift auf eine Seite von Backpapier übertragen, Papier umdrehen und die Linien mit Schokomasse nachspritzen. Toll für Kinder- und Party-Torten!

Verzuckerte Blüten und Blätter

Die süße Blütenpracht ist schnell gemacht. Verwenden Sie nur Blüten und Blätter, die garantiert ungespritzt sind.

1. Blütenstiele auf 3 cm kürzen. 1 Eiweiß leicht verschlagen und die Blütenblätter von beiden Seiten sorgfältig damit einpinseln (das geht am besten mit einem sauberen Pinsel aus dem Malkasten).

2. Feinen Zucker mit einem Teelöffel auf die Blüten und in die Zwischenräume streuen. Überschüssigen Zucker abschütteln. Blüten mit den Köpfen nach oben in ein Kuchen- oder Pralinengitter setzen und die Zuckerschicht trocknen lassen ($^1/_2$ bis 1 Tag).

3. Grüne Blätter auf die gleiche Art verzuckern. Nur Blätter von ungiftigen Pflanzen nehmen, z. B. Rosen-, Geranien, Birkenblätter. Wunderschön für Advent und Weihnachten: Verzuckerte Tannenzweige.

1 2 3

Glitzer-oder Frostfrüchte

Am besten eignen sich dafür Beeren oder Früchte mit glatter Haut (Trauben, Kapstachelbeeren, Kirschen, Pflaumen, Johannisbeeren an der Rispe, kleine Äpfel und Birnen). Früchte möglichst ganz und mit Schale verwenden: Stücke und Scheiben ziehen schnell Saft und weichen die Zuckerschicht auf.

1. Früchte, Beeren rundherum oder nur stellenweise mit verschlagenem Eiweiß einpinseln.

2. In Zucker wenden, so daß sie von einer dünnen Glitzerschicht bedeckt sind. Besonders schön wirkt es, wenn man groben und feinen Zucker mischt. Glitzerfrüchte auf einen Rost legen und gut trocknen lassen.

1 2

EXTRA-TIP!

Beim »Schablonieren« erzielen Sie tolle Farb-Effekte, wenn Sie mit gemahlenen Nüssen, buntem Perlzucker, grünen Pistazien oder rosa Rosenzucker (Seite 118) als Streumaterial experimentieren.

Dekorieren mit Schablone

Die einfachste Art, einer Torte schnell ein originelles »Make-up« zu geben. Wer's eilig hat, kann einige unserer fertigen Vorlagen ganz vorne oder hinten im Buch verwenden, paust sie ab und und bringt sie mit dem Kopierer im Büro in die gewünschte Größe. Weitere Ideen finden Sie hier in der rechten Spalte unter »Ideen«. Noch mehr Spaß macht es aber, eigene Motive zu entwerfen oder Dinge zu finden, die man als Schablone benutzen kann.

1. Und so geht das Dekorieren mit Schablone: Tortenoberfläche mit Glasur überziehen oder dick mit Kakao bzw. Puderzucker besieben.

1 2 3

2. Schablone auflegen, Zucker oder Kakao (in Kontrast zum Untergrund) darüber sieben.

3. Dann die Schablone abheben – und fertig ist das Kunstwerk.

Ideen für selbstgemachte Schablonen

1. Ganz einfach: Kuchengitter auf die Torte legen, darüber sieben. **2.** Initialen mit dicker Kontur auf Karton malen, ausschneiden. **3.** Verschieden große Herzen und Herz-Rahmen ausschneiden, auf die Torte legen. **4.** Pflanzenblätter als Schablone verwenden. **5.** Papierstreifen kreuz und quer oder in einer Richtung auf der Torte verteilen.

Karamelfiguren

Deko-Lollies, bizarre Kringel, glitzernde Zuckerscherben – durch einen Supertrick sind sie im Nu gezaubert und beeindrucken jeden.

1. Ca. 25 ungefüllte Fruchtbonbons in einem Töpfchen (möglichst mit Ausgußschnabel) bei mittlerer Hitze schmelzen lassen. Sofort Kringel, Zackenlinien oder beliebige andere Figuren auf Backpapier gießen, erstarren lassen, ablösen.

2. Für Lollies die Bonbons auf einem Blech mit Backpapier verteilen. Bei 200° zu einer Platte schmelzen lassen – je nachdem, ob man einfarbige oder bunte Bonbons verwendet, wird die Platte uni oder bunt marmoriert. 1 Min. abkühlen lassen, dann mit stark geölten Ausstechförmchen in der noch weichen Masse beliebige Figuren bis zum Boden durchdrücken. Karamel 5–10 Min. fest werden lassen, Figuren aus der Platte herausbrechen. Für Lollies etwas Masse noch mal erwärmen, Zahnstocher damit an die Figuren kleben.

3. Für bunte Karamelscherben die Platte einfach fest werden lassen und in dekorative Stücke brechen.

1 2 3

Tolle Last-Minute-Dekoration

Damit verpassen Sie Ihren Lieblings-Torten immer wieder einen neuen Look.

	So wird's gemacht:	Paßt toll zu:
Rosenzucker	Blätter von 1 ungespritzten Rose mit 1 EL Zucker im Blitzhacker fein zerkleinern und auf die Torte streuen. Variante: Statt Rosenblättern die Blätter von anderen eßbaren Blumen verwenden, z.B. Stiefmütterchen, Ringelblumen, Geranien	Torten mit dunkler oder weißer Schokoladen-Glasur
Grüner Pistazienzucker	Gleiche Menge Zucker und geschälte, ungeröstete Pistazienkerne zusammen im Blitzhacker fein mahlen.	hellen Torten mit Zucker- oder weißem Schokoladenguß
Bonbonzucker	Farbige ungefüllte Fruchtbonbons in ein Küchentuch einschlagen, mit dem Hammer zerkleinern. Variante: Weißer Glitzerzucker aus Kandis.	hellen und dunklen Torten, witzig für Kinder-Torten
Baiserflocken	Weiße oder rosa Baisers (Fertigprodukt) grob zerkrümeln. Torte mit Creme oder Sahne bestreichen, dicht mit Baiserflocken bestreuen.	Torten im Winter-Outfit
Jelly-Figuren	Im Rezept S. 88 finden Sie die Anleitung für blaues Gelee aus Gelatine. Noch einfacher sind Figuren in Rot, Gelb und Grün: Götterspeise (Fertigprodukt) nach Packungsaufschrift zubereiten, $^1/_2$ Zentimeter hoch in eine flache Form gießen, fest werden lassen. Mit Garnier- oder Mini-Ausstechförmchen Motive ausstechen (z.B. Herzen, Blüten, Buchstaben) oder Gelee einfach in Würfel **(Step 1)** oder Dreiecke schneiden. Für Jelly-Kugeln: Flüssiges Gelee in Eiskugel-Beutel gießen, nach dem Erstarren herauslösen.	Sahnetorten, Obsttorten
Schoko-Figuren	Gleiche Menge Kuvertüre und Schokoladen-Fettglasur zusammen schmelzen. In Eiswürfelformen aus Weichplastik (z. B. Herzen, Tiere, Bäumchen) gießen, nach dem Festwerden herausdrücken.	Kinder-, Party- und Geschenktorten
»Künstlerische« Schwarz-Weiß-Glasur	1 Packung dunkle Schokoladenglasur (Fertigprodukt) und eine Packung weiße Schokoladenglasur getrennt schmelzen lassen. Zuerst dunkle Glasur über die Torte gießen, darüber kreuz und quer, evtl. durch Drehen der Torte, die helle Glasur verteilen **(Step 2)**.	Für alle Torten geeignet. Auch als Deko für einfache Kuchen, z. B. Marmorkuchen, ganz super!
Aus dem Spielwarengeschäft	Für Angler backen Sie z. B. eine Torte im Fische-Design (Vorlage ganz vorne im Buch) oder dekorieren eine einfache Torte mit Plastikfischen und -Angeln. Jäger freuen sich über eine Fuchstorte (Vorlage ganz vorne), die Sie zusätzlich mit kleinen Bäumen (für Spielzeugeisenbahn-Landschaften) aufpeppen können. Lassen Sie sich im Spielwarengeschäft zu weiteren Ideen inspirieren!	Für fast alle Torten. Oberflächen evtl. mit Guß oder Schokoglasur überziehen, Schablonenlinien mit Kontrast-Guß oder Zuckerschrift nachziehen.

1

2

So finden Sie Ihre Wunschtorte

Kulttorten	Seite	Vorbereiten Einfrieren	Party	Schenken	Kinder	Preiswert	ohne Ofen schnell
United Colours	6	●	●		●	●	
Philadelphia Jelly	8	●	●		●	●	●
Baci	10	●		●			
Astro	12	●	●				
Amaretti	14	●	●	●			
Hochstapler	16		●		●	●	●
Venedig	18	●	●				
Caipirinha	20	●	●				
Candyman	22	●		●	●		
Ballerina	24					●	
Lotto	26	●	●				●
Endlos	28		●		●	●	
Mini-Klassiker	30-32	●		●			

Festtorten	Seite	Vorbereiten Einfrieren	Party	Schenken	Kinder	Preiswert	ohne Ofen schnell
Silvester	34	●	●				●
Schoko-Romanze	36	●		●			
Erfolgsleiter	38	●	●	●		●	●
Sweet Love	40	●		●			●
Angelfood	42	●	●				
Hochzeit	44	●	●				
Hurra	46	●	●	●			●

Eiskalte Torten	Seite	Vorbereiten Einfrieren	Party	Schenken	Kinder	Preiswert	ohne Ofen schnell
Eiskalte Melone	48	●	●		●		●
Süßer Iglu	50				●	●	●
Cappuccino	52	●	●				●
Tropentraum	54	●					●
Eisrevue	56						
Eisberg	58	●			●	●	●
Erdbeerkuppel	60	●	●				●

Romantik-Torten	Seite	Vorbereiten Einfrieren	Party	Schenken	Kinder	Preiswert	ohne Ofen schnell
Mozart	62	●	●		●		●
Daisy	64	●	●	●		●	
Himbeer-Praliné	66	●	●	●			●
Abendrot	68	●	●			●	●
Gartenparty	70	●	●		●	●	
Sonnenstrahl	72	●	●				
Schneekönigin	74		●		●	●	●
Granada	76	●					
Candlelight	78	●	●				
Rote Grütze	80	●	●		●	●	●
Apfelernte	82		●		●	●	●
Gute-Laune	84	●			●	●	

Funny Cakes	Seite	Vorbereiten Einfrieren	Party	Schenken	Kinder	Preiswert	ohne Ofen schnell
Rocky Mountains	86	●	●				●
Reif für die Insel	88		●	●			●
Schoko-Igel	90	●	●	●	●		●
Sei nicht sauer	92	●		●		●	
Süßer Rettungsring	94	●		●	●	●	
Maxi-Banane	96	●	●				
Think Pink Wolke	98	●	●		●		
La Paloma	100		●	●	●		●

Slimline-Torten	Seite	Vorbereiten Einfrieren	Party	Schenken	Kinder	Preiswert	ohne Ofen schnell
Zitronenrolle	102	●				●	
Schlank unter Palmen	104	●	●				
Black Beauty	106	●	●				
Campari Orange	108	●	●				
Froschkönig	110	●	●		●	●	
Schokomint	112	●					

Seite Vorbereiten Einfrieren Party Schenken Kinder Preiswert ohne Ofen schnell
Seite Vorbereiten Einfrieren Party Schenken Kinder Preiswert ohne Ofen schnell

Register

Abendrot-Torte 68
Amaretti-Torte 14
Anglefood-Cake 42
Apfelernte 82
Astro-Torte 12

Baby Cheesecake 32
Baci-Torte 10
Ballerina-Torte 24
Black Beauty 106

Caipirinha-Torte 20
Campari Orange 108
Candlelight-Torte 78
Candyman-Torte 22
Cappucino-Torte 56
Cheesecake, Baby 32

Daisy-Torte 64

Eisberg mit Zuckernebel 58
Eiskalte Melone 48
Eisrevue-Torte 56
Eistorte Tropentraum 52
Endlos-Torte 28
Erdbeer-Kuppel 60
Erfolgsleiter Torte 38

Frankfurter Kränzchen 30
Froschkönig-Torte 110
Früchtetorte Schneekönigin 74

Gartenparty-Torte 70
Granada-Torte 76
Gute-Laune-Torte 84

Himbeer-Praliné 66
Himmelblaue Hochzeitstorte 44
Hochstapler-Torte 16
Hochzeitstorte, himmelblaue 44
Hurra-Torte 46

Iglu, süßer 50

Kleine Sachertorte 32
Krokanttorte 108

La Paloma 100
Lotto-Torte 26

Maxi-Banane 96
Melone, eiskalte 48
Mini-Klassiker 30–32
Mozart-Torte 62

Philadelphia Jelly 8

Reif für die Insel 88
Rettungsring, süßer 94
Rocky Mountains 86
Rote-Grütze-Torte 80

Sachertorte, kleine 32
Schlanke Zitronenrolle 102
Schlank unter Palmen 104
Schneekönigin 74
Schoko-Igel 90
Schokomint-Eistorte 112
Schoko-Romanze 36
Schwarzwälder Kirsch-Torte 30
Sei nicht sauer, Zitrotorte 92
Silvestertorte 34
Sonnenstrahl-Torte 72
Süßer Iglu 50
Süßer Rettungsring 94
Sweet Love 40

Think Pink Wolke 98
Torte »Apfelernte« 82
Torte mit Hurra 46
Tropentraum, Eistorte 54

United Colours 6

Venedig-Torte 18

Zitronenrolle, schlanke 102
Zitrotorte »Sei nicht sauer« 92

Die besten Tips für Tortenbäcker

- Keine Angst vor Cremes im **Wasserbad:** Einfach alle Zutaten in einem Simmertopf (oder in einer bauchigen Schüssel, die in einen passenden mit Wasser gefüllten Kochtopf gehängt wird) verrühren, unter ständigem Schlagen bei schwacher Hitze erhitzen, bis die Creme hochsteigt und eindickt. Der richtige Zeitpunkt ist gekommen, wenn die Creme wie eine Samtschicht auf dem Holzlöffel bleibt.
- **Harte, kühlschrankkalte Butter** wird schneller weich (zum Schaumig-Rühren), wenn man sie auf der groben Küchenreibe in die Rührschüssel raffelt. Auch Marzipan-Rohmasse wird so schnell geschmeidig und läßt sich gut mit anderen Zutaten vermischen.
- **Zum Ausstreuen von Kuchenformen** Löffelbiskuit- oder Keksbrösel verwenden (einfach im Blitzhacker zerkleinern). Feiner als Semmelbrösel!
- Wenn **Sahne oder Eischnee zum Auflockern** untergehoben werden: Zuerst 2 bis 3 EL davon unter den festeren Grundteig rühren, damit er weicher und flüssiger wird. Eischnee oder Sahne lassen sich dann locker und gleichmäßig unterheben.
- **Sahne muß zum Schlagen eiskalt sein.** Auch Schüssel und Schläger kühlen, am besten kurz in das Tiefkühlgerät stellen. Eiweiß dagegen läßt sich besser steif schlagen, wenn es Zimmertemperatur hat. Wichtig: Zucker erst langsam dazugeben, wenn der Eischnee schon cremigsteif ist.
- Die **Schüssel rutscht** beim Rühren? Legen Sie ein feuchtes Schwammtuch darunter.
- Alle **Tortenböden, die in Form geschnitten oder gefüllt** werden sollen, schon am Vortag backen: Der Teig kann sich dann stabilisieren und krümelt nicht beim Schneiden.

Die Temperaturstufen bei Gasherden variieren von Hersteller zu Hersteller. Welche Stufe Ihres Herdes der jeweils angegebenen Temperatur entspricht, entnehmen Sie bitte der Gebrauchsanweisung.

Umrechnungstabelle:

Elektroherd	Umluftherd
150°	140°
175°	160°
200°	180°
250°	220°

Impressum

Genehmigte Lizenzausgabe für Weltbild Verlag GmbH, Augsburg

Fotos: Fotostudio R. Schmitz
Typographie und Layout: Kraxenberger Kommunikations-Haus GmbH
Vorsatzpapier: A. v. Werz
Einbandgestaltung: TypoConcept, Carolina Zormeier, München
Bildmotiv auf der Einbandvorderseite: StockFood, München
Gesamtherstellung: Druckerei Appl, Wemding
Printed in Germany

ISBN 3-8289-1088-2

2003 2002 2001

Die letzte Jahreszahl gibt die aktuelle Lizenzausgabe an.

Danksagung
Wir bedanken uns bei H. Pickerd GmbH u. Co, 30938 Burgwedel, und bei W. F. Kaiser u. Co GmbH, 65582 Diez/Lahn, für die freundliche Unterstützung.

La Paloma
Seite 100

Mozart-Torte
Seite 62

Hier finden Sie Vorlagen für Schoko-ornamente, S. 116, und für Torten-schablonen, siehe S. 114, 115 und 117.